日本の「地下経済」最新白書

闇に蠢く26.5兆円の真実

門倉貴史

SB新書
431

はじめに

私たちは、景気の動きをつかむためにさまざまな経済指標を活用する。

数十年前にはまだほんの一握りの経済指標しか作成されておらず、民間のエコノミストや政府の政策担当者、企業の経営者はそれをみながら、景気の良し悪しを判断していた。

それに比べて現在では、政府や民間調査機関から多数の経済指標が月次《げつじ》で公表されており、どれをどのように使えばいいか迷うほどだ。

さらに最近では、経済産業省が、家電量販店のＰＯＳデータやインターネット上のビッグデータ、人口知能（ＡＩ）技術などを総動員して、リアルタイムの景気動向や景気の将来動向をつかめる新たな経済指標を、試験的に作成・公表している。

リアルタイムで景気の動きがわかるようになれば、景気の判断・政策の策定《さくてい》に多いに役立つだろう。

これだけたくさんの経済指標を丹念にウォッチしていけば、経済全体を見渡すことは簡単なことのように思われる。

しかし、これはオモテの経済に限定した話である。

公式に発表される経済指標を細心の注意を払って眺めても、その陰に隠れている地下経済（麻薬取引や武器の密輸、売春、脱税、賄賂など公式統計には現れない隠れた経済活動）を見渡すことはできない。

公式の経済指標が私たちに見せてくれるのは、いわばタテマエの経済であって本音ではない。

経済はなかなか本音を語ってくれないが、真実の経済の姿を理解するためにはぜひとも本音を知っておく必要がある。

本音を知らなければ、経済を円滑に運営するために必要な処方箋も書くことができない。

太宰治の短編小説のひとつに『恥』という作品がある。『恥』のあらすじはおおよそ次のようなものだ。

主人公の女性（私）は、戸田という小説家の隠れファンである。戸田は作品の中で、自分のことを貧乏で、ハゲていて、汚くて女好きで大変卑しい男だと自嘲的に述べている。そんな戸田に、「私」は「あなたには女性ファンなんていないでしょうが、私は読んであげていますす」といった超上から目線の手紙を送る。そして、「私」が手紙を送ってすぐに発表された戸田の小説の主人公が、なんと「私」にそっくりだったので「私」は驚いてしまう。

戸田のことが頭から離れない「私」は、ついに戸田に会うことを決める。戸田は貧乏でみすぼらしいので、「私」もあえてみすぼらしい格好をして彼に合わせる。また、病気だとも聞いたので毛布をもっていってあげることにした。

ところが、「私」が実際に戸田の家を訪れると、出てきた人物は思っていたのとまるで印象が違っていた。歯も欠けていないし、頭もハゲていない。きりっとした顔をしていて不潔な感じはどこにもない。

「私」はそんな戸田の本当の姿にショックを受けながらも、なぜ自分をモデルにした小説を書いたのかを尋ねる。戸田の返事は意外なものだった。

「僕は小説には絶対にモデルを使いません。全部フィクションです。だいいち、あなたの最初のお手紙なんか」

戸田は「私」のことなどまるで意識していなかったのだ。手紙をもらったことすら覚えていなかった。

この話から有益な教訓を引き出すことができる。すなわち、政府やエコノミストが経済に対する処方箋を書くとき、**タテマエしか見せてくれない公式の経済統計に全面的に依拠《いきょ》していると大きな判断間違いを犯し、後で痛い目にあう**可能性がある。

こうした理由から本音の経済＝地下経済を知る必要があるのだ。

私は、公益社団法人日本経済研究センターに出向していた2000年3月に『地下経済の規模に関する実証分析』というレポートを発表し、その内容を膨らませて2002年1月に『日本の地下経済』（講談社＋α新書）という書籍を上梓《じょうし》した。

日本の地下経済の大きさを算定するといった試みは初めてのことだったので、研究結果は驚きをもって迎えられ、新聞やテレビのニュースなどでも取り上げられた。

ただ、『日本の地下経済』を執筆してからすでに15年もの歳月が経過しており、地下経済を取り巻く環境にも大きな変化がみられる。そこで、今回改めて体系的に日本の地下経済が今どういった状況にあるのかを詳細に分析してみた。

本書の内容をあらかじめ簡単に説明しておこう。

まず、第1章では、**「地下経済がどういった経済なのか」**を明らかにしたうえで、日本の地下経済の大きさについて最新の推計結果を紹介する。

次の第2章では、地下経済の一角を構成する**「性風俗産業」**について最新の動向を紹介する。日本の性風俗産業は、規制の如何《いかん》にかかわらず、あるいは景気の良し悪しにかかわらず、年々拡大傾向にある。男性の心の奥底にあるエロティックな欲望は本能的なものであるから、需要が消滅することは絶対にないだろう。

第3章では、経済的格差がじわじわと広がっていく中で、すでに閉塞《へいそく》状況に置かれている弱者をさらに苦しめる**「貧困ビジネス」**の実態についてレポートする。「貧困ビジネス」としては「ゼロゼロ物件」などが有名だが、最近では「脱法ハウス」や

「ぐるぐる病院」といった新しいビジネスも出てきている。

第4章では、暴力団の非合法所得、地面師による詐欺、ファクタリングを装ったヤミ金融など、地下経済の一角を占める**「犯罪」**の動向を見ていく。2011年に全都道府県で「暴力団排除条例」が施行されてから、みかじめ料など暴力団のシノギは厳しさを増している。

暴力団の資金不足が深刻化していることは、幹部や組員が乗るクルマの変遷をたどれば一目瞭然だ。ひと昔前は黒塗りのメルセデス・ベンツなど高級外車に乗っているケースが多かったが、現在は、燃費のいい日本産のハイブリッド車に乗ることが多くなっている。資金源が枯渇するなか、近年では利幅の大きい覚せい剤ビジネスに活路を見出すようになっている。

そして、最後の第5章では、新たに台頭してきた**「闇サイト」**やそこでの決済に使用される「ビットコイン」が地下経済の温床《おんしょう》になりつつあることに警鐘を鳴らす。

本書が、読者のみなさんにとって、なんらかの参考になれば望外《ぼうがい》の幸せである。

日本の「地下経済」最新白書　目次

第1章 地下経済とはなにか？

第2章

性風俗と地下経済

第3章 貧困ビジネスと地下経済

第4章 犯罪と地下経済

第5章

闇サイトと地下経済

第1章

地下経済とはなにか？

地下経済を構成する「脱税」と「犯罪」

経済学の世界ではGDP（国内総生産）という言葉が頻繁に登場する。GDPとは、Gross Domestic Product という英語の頭文字をとったもので、一定の期間（通常は1年）に日本国内でどれだけのモノが生産され、サービスの取引が行われたかを集計した統計である。

GDPは、あらゆる経済活動を取り扱っていると思う人が多いが、そうではない。**実際にはGDPから漏れている経済活動がたくさんある。**

では、いったいどれぐらいの経済活動がGDP統計から抜け落ちてしまっているのだろうか。頭が混乱しないように、もう一度、私たちが行っているすべての経済活動をきちんと整理し、それぞれの経済活動がGDP統計に入るのかどうか、白黒（GDPに入っていれば白）をはっきりさせよう。

世の中のあらゆる経済活動は、内閣府が作成するGDPの測定対象となっているかどうかによって、測定対象である「オモテの経済」と測定対象ではない「ウラの経済」に分けられる。

さらに、これら2つの活動は市場性の有無、つまりお金を使って取引が行われているかどうかによって、「オモテの経済」はお金を使った取引がない「非市場的経済活動」とお金を使った取引がある「市場的経済活動」の2つに、「ウラの経済」はお金を使った取引がある「地下経済」とお金を使った取引がない「自助経済」の2つに分けられる。

以下、4つに細分化した各経済活動の内容を順番にみていこう。

まず「非市場的経済活動」には、農家の自家消費・持家《もちいえ》の帰属家賃といった帰属計算や、公務員の給料など政府部門の支出が含まれる。

帰属計算という言葉は耳慣れないかもしれないが、要はお金の受け渡しのない経済活動を、さもお金の受け渡しがあったかのように見せかけることである。

たとえば、農家が自分でつくった農作物を自家消費する場合、お金を使った取引ではないが、擬制《ぎせい》して消費支出にカウントする。あるいは一国全体の家賃を集計するとき、自分の家をもっている人については、自分が住んでいる住宅を自分自身に貸しているとみせかけて、家賃相当額を記録するといった具合である。

ＧＤＰ統計では、お金を使う取引だけを記録することが大原則となっているので、**「非市場的経済活動」は、**本来ＧＤＰの測定対象とはならないはずなのだが、どんなルールにも例外はつきもの、これらの活動はしっかりＧＤＰに計上されている。**白か黒かで判定すれば白**である。

次に、「市場的経済活動」は、会社や個人が生産したモノやサービスを販売する典型的な経済活動であり、その成果である営業利益や所得には、政府から法人税や所得税などの税金が課せられる。世の中で行われている経済活動の大半はこの**「市場的経済活動」**に分類されると考えられる。**判定はもちろん白**だ。

一方、本書のテーマである「地下経済」は、本来「市場的経済活動」に含まれる経済活動でありながら不当に課税を免れている「脱税」と、社会のルールで禁じられた経済活動である「犯罪」から成り立っている。

国際連合が定める世界共通のＧＤＰ統計作成マニュアルを見ると、地下経済も付加価値を生み出し、ヤミ市場などでお金を使った取引が行われるのでGDPの測定対象にすべきだと書かれている。

しかし、これをどうやって推計するかという具体的な方法についてはじつは何も書かれていない。地下経済は、本来GDPに加算されるべきであるが、計測できないという実際上の問題から、ほとんどの国で捕捉《ほそく》できていないというのが実情だ。

当然のことながら内閣府の発表しているGDP統計でも測定されていない。**「地下経済」は、白か黒かで判断すれば真っ黒**である。

ただ、日本の場合、地下経済のうち「脱税」の部分だけは、部分的にGDPに含まれていると考えられている。これは、わが国においてGDPを集計する際、個人や法人の所得を把握する際の基礎統計として申告漏れの可能性が大きい税務統計を一切使っていないからだ。それでもいくらかはGDPから漏れているので、**脱税の部分を白か黒かで判断すればグレー**といったところであろうか。

最後に、「自助経済」は、炊事・洗濯など主婦の家事労働や家庭菜園、日曜大工、ボランティア活動などお金の受け渡しがない経済活動のことである。これらの活動は、家族などに見返りとなるお金を要求することなく労働力を提供するという意味で、無償労働とも呼ばれている。

ちなみに、内閣府経済社会総合研究所が行った試算によると、2011年の日本の無償労働の総評価額（年間・15歳以上人口分）は約97・4兆〜138・5兆円で、名目GDPに対する比率では20・7〜29・4％の規模であった。**「自助経済」**は、そもそもGDPにはカウントしないと決められている経済活動であるから、**当然、これも黒**だ。

大麻を栽培するだけなら地下経済には入らない？

これで、地下経済が経済活動全体に占めるおおよその位置がおわかりいただけたと思う。

ただ、注意していただきたいのは、今まで述べてきた地下経済の位置付けは専門家のコンセンサスではないという点である。たくさんある解釈のうちのひとつと考えるのが正確だろう。

じつは一口に地下経済といっても、対象とする内容や地下経済に含めるかどうかの判断基準は論者によって大きく異なり、漠然としている。

ここで述べたようにＧＤＰの測定対象の外にあってかつ「自助経済」ではない経済活動を示すこともあれば、「自助経済」も含めて地下経済という場合もある。また、ストックとしてのアングラマネーを意味する場合もある。さらには、脱税や逃税など税務統計から漏れた所得のみを地下経済として解釈している例もある。

そもそも、地下経済（underground economy）という呼称さえ統一されているわけではなく、あるときは影の経済（shadow economy）、またあるときは黒い経済（black economy）、さらにあるときには隠れた経済（hidden economy）と呼ばれたりする。そのほか第2の経済（second economy）とか非公式の経済（unofficial economy）という呼び方もある。

このように地下経済の定義は、必ずしも明確なものではなく細かい部分で合意に至っていないというのが現状であり、今後この点についてはさらにつめていく必要があるだろう。
議論に混乱が生じることのないよう改めて本書での「地下経済」の概念を明確に規定しておくと、本書では、**税制その他種々の政府の規制から逃れ、GDPなどの公式統計に報告されない経済活動を総括して地下経済と呼ぶ**こととする。ここには「自助経済」やストックとしてのアングラマネーは入ってこない。
イメージがわいてこない読者のために、地下経済が生み出される瞬間をいくつか具体的に演出してみせよう。これから挙げるケース1からケース7で、あなたが支払ったり受け取ったりするお金はすべて地下経済にカウントされる。

（ケース1）個人商店を営んでいるあなたは、売上金をごまかすという手段によって税務署に所得を過少申告した。

（ケース2）部長のあなたは商用で大阪に出張することになった。商談が無事成立し気が緩んだあなたは、部下とともに近くのキャバクラに行き、さんざん遊んだ挙句、そのお金を交際費として会社の経費で落とした。

（ケース3）県会議員であるあなたは、県発注の公共工事に関して、いつも選挙で支援してくれる建設業者が入札できるよう取り計らってやり、その謝礼としてこっそり現金500万円を受け取った。

（ケース4）妻のゲス不倫を知って逆上したあなたは、ネットでプロの殺し屋を雇って妻を殺害することを計画した。殺し屋はうまく仕事を成し遂げ、あなたの妻をこの世から抹殺した。あなたは成功報酬として殺し屋に1000万円支払った。

（ケース5）あなたは、数人の仲間と一緒に路上に駐車してあったBMWを盗み出し、ナンバープレートをつくり替えたうえで、中古車を取り扱う業者に300万円で売り飛ばした。

（ケース6）あなたが会社帰りに秋葉原の路上を歩いていると、見知らぬ女子高生が「JKお散歩はいかがですか？　デートをしてもいいですよ」と声をかけてきた。いけないとは思いながらも、可愛い子だったのでついつい誘いにのり、ついでに「裏オプション」をお願いしてラブホテルに入ってしまった。そしてホテルを出るとき、あなたはその女子高生に5万円を支払った。

（ケース7）現在、失業中のあなたはお金に困っている。やむを得ず、渡米して仕入れた無修整の洋モノポルノDVDを大量に焼き増しし、インターネット上で、1枚につき2000円で販売することにした。

一方、以下で演出するケース8からケース10は、感覚的には地下経済に含まれるようにもみえるが、実際にはいずれも含まれない。

（ケース8）仕事帰りのあなたは、道端《みちばた》に何かキラキラ光るものが落ちているのに気づいた。拾い上げてみると、それは指輪で、なかにはダイヤモンドがぎっしりちりばめられている。数百万円はする代物である。以前からこんな指輪が欲しいと思っていたあなたは交番に届けずその指輪を自分のものにしてしまった。

これは、遺失物横領罪という罪に問われることになるが、経済学的にはモノの「移転」であって付加価値は何も生まれていないので、地下経済には計上されない。さきほどのケース5の場合は、盗んだ後に中古市場でそれを売りさばいたので、地下経済に計上されたのである。

（ケース9）会社を早期退職したあなたは全財産をはたいて沖縄県石垣島に移住した。宿泊施設を運営しながら、庭でこっそり大麻を栽培し、それを自分で乱用している。

販売したり購入したりすれば地下経済に含まれるものであっても、自分で消費する限りは、地下経済には計上されない。

（ケース10）寒さが厳しい冬のある日、あなたは、駅の構内でうずくまっているホームレス（路上生活者）の老人を気の毒に思い、数千円を老人のポケットに入れてやった。

ホームレスへの「お恵み」も単なるお金の「移転」だ。

地下経済の拡大が景気の良し悪しをわかりづらくさせる

地下経済の存在は、私たちの社会にいったいどんな影響を及ぼすのだろうか。地下経済の規模が急速に拡大している場合には、次のような問題が生じると考えられる。まず、**第1に経済活動の実態を把握することが難しくなる。**地下経済を考慮しないＧＤＰ統計をモノサシに経済活動の状態を診断すると、実際の経済規模が地下経済の分だけ過少評価されてしまい、マクロ経済の景況《けいきょう》判断を誤る危険がある。

極端な例を考えてみよう。

今、政府がＧＤＰのマイナス成長などを根拠として景気の現状を悪化と判断したとする。しかし、その一方でオモテの統計に出てこない地下経済がひそかに拡大しているとすれば、本当の景気は政府が考えているほどには悪くないということになる。

つまり、政府は経済の実態を読み間違えてしまっているのだ。そうしたなか、見かけ上低迷している景気を刺激するために矢継ぎ早に金融緩和を実施したり、財政支出を拡大したりすれば、これらの需要刺激策は国内景気を過熱させ、インフレを引き起こすことになってしまうだろう。

米国では、過去、地下経済を考慮しなかったことによる景況判断の読み違えで、経済政策が失敗した実例がある。１９７０年代後半から80年代前半にかけて米国は不況に陥り、高い失業率に悩まされていた。政府は景気を浮揚《ふよう》させるために財政・金融政策を発動したが、じつはこのときの不況は、地上での経済取引から地下での経済取引へ多くの人が参入したことによって生じた見かけ上の不況であったといわれている。したがって、この経済政策は妥当性を欠いていた可能性が高い。

地下経済が膨らんでいる場合の問題はそれだけではすまない。

第2に、税務面においては、地下経済の拡大が課税ベースの縮小をもたらし、結果として政府の税収の減少、財政赤字の増大につながる。税収が落ち込むことになれば増税が行われるから、それがさらなる地下経済の拡大を促すという悪循環に陥る可能性だってある。

日本の財政赤字は２０１６年度時点で約39兆円、名目ＧＤＰ比で７・３％に達している。同年度のドイツの財政赤字は名目GDP比0・2%、米国が3・2パーセントなのでほかの先進諸国と比べても圧倒的に規模が大きい。こうした巨額の財政赤字を削減するために、政府は歳出規模の削減や消費税の増税などを予定している。

しかし、そんなことよりも、脱税など地下にもぐっている隠れた所得をしっかりととらえて摘発《てきはつ》し、それらに法人税や所得税をきちんと課せば、税収が増え、財政赤字は少なからず改善するのではないだろうか。

第3に、政府の社会保障政策にも狂いが生じてくる。 たとえば、生活困窮者に対する生活保護費の支給についてみると、オモテの統計で生活保護受給者にカウントされている人がじつはこっそり地下経済でお金を稼いでいるという場合、政府は本来支給する必要のない人に生活保護費を出していることになる。

第4に、地下で経済活動を行う者と地上で経済活動を行う者との間に、経済的・社会的な不平等が生じる可能性がある。

人々が地下で経済活動を行う理由のひとつは、効率よくお金儲けをすることである。普通のサラリーマンが年収500万円のところを儲けのいい高級ソープランド嬢はその6倍を簡単に稼いでしまう。しかも、サラリーマンは源泉徴収という形で税金をしっかりとられるが、ソープランド嬢はまず確定申告をすることはないので税金をとられない。これでは、世のサラリーマンが癇癪《かんしゃく》をおこすのも無理はない。

こうした不公平感は勤労意欲の低下につながっていく。地下経済での取引で、簡単に大金を手に入れられるのであれば、何となく地上経済での仕事がバカらしく思えてくるものだ。

第5に、企業の生産活動が非効率になる恐れがある。地下にもぐって経済活動を行っている企業は、信用がないので金融機関からお金を借りて資金調達をすることが難しい。このため、地下企業は一度に巨額のお金が必要となる大規模な設備投資を手控え、労働集約型で生産性が低い生産活動を行う傾向が強くなる。

また、脱税などを行っている企業では、多くの時間やお金を費やして脱税がバレないようにさまざまな隠蔽工作を行うから、本来の生産活動がおろそかになり生産性が押し下げられる。したがって地下での生産活動の拡大は、一国全体の生産効率を悪化させることになる。

第6に、地下経済で獲得した巨額の資金が多国間を移動することにより、為替レートが変動するリスクが高まる。偽装や嘘、隠蔽など数々の不正行為によって築きあげられたアングラマネーは、その出所や所有者が特定されることを嫌って資金移動することが多い。金融市場の急速なグローバル化に伴い、アングラマネーの海外への送金や受け取りが容易に行えるようになった現在、地下経済の拡大が国内外の為替市場を翻弄《ほんろう》する恐れは十分にあると言えよう。

地下経済はオモテの経済を刺激する

ここまで読んだ読者は「これでは、地下経済の拡大は百害あって一利なしではないか。地下経済が拡大したらお先真っ暗、この世の終わりだ」と思うかもしれない。しかし、だからといって地下経済がなくなればいいということでもない。地下経済の拡大が社会や経済にメリットをもたらすことだってある。

第1のメリットは地下経済が地上経済を活性化させることである。脱税や犯罪などの違法行為によってつくりだされた所得や富が、地上経済にフィード・バックされるからだ。

卑近《ひきん》な例を挙げてみよう。

たとえば、ある暴力団構成員が麻薬の密売で巨額の利益を得たとする。密売で得たお金はすべて地下経済で獲得した所得である。しかし、地下で稼いだお金の多くはこの暴力団構成員が合法的な消費活動や投資活動をすることでいずれ地上に出てくる。

これは需要刺激効果となって地上経済の拡大につながる。もちろん、この暴力団構成員が稼いだお金をソープランドなどで使ってしまえば、地下から地下へお金が移るだけなので地上経済が刺激されることはない。しかしそれでも、そのソープランド嬢が稼いだお金でグッチやヴィトンのバッグを買えば、結局はまわり回って地上経済を刺激することになる。

ちなみに、世界各国の地下経済を詳細に研究しているフリードリッヒ・シュナイダー（Schneider,F）は、地下経済で獲得した所得の少なくとも3分の2はただちに地上で使われ、これが経済成長を促すとともに消費税など間接税収入の増加につながっていると報告している。また、バッタチャリャ（Bhattacharya）という研究者もイギリスについて、地下経済の拡大が耐久財消費やサービス消費の増加につながっているとの実験結果を報告している。

日本でも「ＪＫビジネス」をしている女子中高生は「ＪＫビジネス」で獲得したお金のほとんどを遊びやブランド品の購入に当てているという。「ＪＫビジネス」が低迷している消費をある程度下支えしているとすれば何とも悲しいかぎりである。

第2のメリットは、地下経済の拡大が職を失った人々に働く機会を提供することだ。

リストラにあった中高年サラリーマンが、麻薬の密売組織に加わり、ダークスーツに身を包んで地下経済で鮮烈なデビューを飾るという状況は考えづらいが、暴力団の手引きで裏ＤＶＤ販売店の店長として雇われるケースは珍しくない。また、親からの仕送りが減って自分で学費を稼がなくてはならない一部の女子大生は、性風俗業界へ飛び込み、デリヘル嬢やＳＭ嬢となって荒稼ぎしているという。

第3に、地下経済の拡大が長期的に経済システムの効率化に寄与する可能性がある。

地下での経済活動が拡大する大きな理由のひとつは、地上経済で著しく不当な規制が設けられ、本来あるべき効率的な経済活動が制約されていることである。行き過ぎた国の規制に対して、抜け道を見つけて効率的、生産的な経済活動が拡大していけば、非効率な経済システムの改変を促すきっかけともなり得るだろう。

第4に、これは発展途上国だけに当てはまる話であるが、経済全体に占める地下経済の割合が非常に大きい場合、地下経済を含まない1人あたりのGDPが極端に低い値として計算され、国際連合やIMF（国際通貨基金）、ILO（国際労働機関）といった**国際機関から貿易や援助における優遇措置を受けることができる。**

国際機関がある国に対して援助するかどうかを判断する基準は、1人あたりのGDPの大きさなどが決め手となるからだ。地下経済も含めてとらえた実際の1人あたりの所得でみれば、援助の対象外となる経済水準でも、地下経済を含まないGDP統計では実際の1人あたりのGDPが下方修正され、援助基準に達するということがある。

このように地下経済の是非をいろいろとみてきたが、結局のところ、地下経済の拡大が地上経済にデメリットをもたらすのか、それともメリットをもたらすのかという点について現時点で明確な結論を出すことはできない。

ただ、筆者自身は、地下経済の存在はやはり社会にとって望ましくないのではないかと考えている。現状、脱税による政府収入のロスなど地下経済活動によって生じる社会的なコストと、地下経済活動で得られた利益が乗数効果《じょうすうこうか》によって地上経済をどれだけ刺激するかというベネフィットを比較すれば、やはりコストがベネフィットを上回っていると思えるからだ。

EU各国が地下経済をGDPに算入し始めた本当の理由

先ほど述べたとおり、道徳的な判断を抜きにすれば、地下経済も一般の経済活動と同様、市場での取引が行われて付加価値を生み出しており、GDPに含める経済活動に該当する。しかし、これまでは実務上、地下経済を正確に把握することは難しいという理由でどの国も地下経済をGDPに算入してこなかった。

ところが、近年、オーストリア、フィンランド、スウェーデン、ノルウェー、英国、アイルランド、イタリア、スペイン、ギリシャ、エストニア、スロベニアなどヨーロッパ地域で**地下経済をＧＤＰ（国内総生産）に算入する国が相次いでいる。**

これは、２０１４年に欧州連合（ＥＵ）がＧＤＰ算出の基準を変更したことに基づく措置である（ギリシャなど一部の国はそれ以前から独自に地下経済をＧＤＰに加算していた）。

ＥＵが加盟国に地下経済をＧＤＰに算入するように求めている理由は、ある国では地下経済であるものが、別の国では地下経済ではないといったケースがあり、それによってＥＵ加盟国間のＧＤＰ統計の比較が難しくなっているという事情があるからだ。

たとえば、オランダは売春や大麻が合法化されているので、これらの経済活動はもともとＧＤＰに算入されているが、フランスでは売春や麻薬は非合法なのでＧＤＰには算入されていないといった具合だ。

では、地下経済をＧＤＰに算入すると、ＧＤＰの規模はどれだけ嵩《かさ》上《あ》げされることになるのだろうか。

早い段階から地下経済をＧＤＰに算入していた**ギリシャの場合、売春や密輸を含めることで、ＧＤＰは年間４００億～６００億ユーロも押し上げられることに**なった。

一方、英国の場合、**国家統計局**が２００９年のＧＤＰで試算したところ、地下経済を算入すると、**ＧＤＰは約１００億ポンド（ＧＤＰの０・７%）増加**したという。このうち麻薬は約44億ポンド、売春は約53億ポンドの押し上げとなった。

イタリアの場合はどうか。**イタリア中央銀行は、２０１２年に麻薬取引や売春がＧＤＰに占める割合は、10・９%になるという推計結果を発表**している。

こうした事例を見ればわかるとおり、地下経済をＧＤＰに算入すると、ＧＤＰの数字がそれまでと比べてかなり膨らむことになる（どの国も地下経済をすべてＧＤＰに算入するわけではなく、地下経済活動のうち計測や推計ができるものに限って算入している）。ＥＵ統計局は、仮にすべてのＥＵ加盟国が地下経済をＧＤＰに算入すれば、ＥＵ全体のＧＤＰは２・４%増加すると推計している。

ただ、今回ＥＵがＧＤＰ算出の基準を変更したからといって、欧州のすべての国がそれに従うというわけではない。地下経済をＧＤＰに算入するかどうかの判断は各国で分かれており、たとえば、フランスは地下経済をＧＤＰには算入しない方針を固めている。一方、地下経済をＧＤＰに算入することに積極的なのは、「ＰＩＩＧＳ《ピーグス》（ポルトガル、アイルランド、イタリア、ギリシャ、スペイン）」など財政赤字が大きい国が多い。

この事実から浮かび上がってくるのは、**「地下経済をGDPに算入する国の本来の狙いは深刻化している財政赤字を削減することではないのか？」**という疑惑だ。

というのも、一般に財政赤字の数字は名目GDPに対する比率でみるため、財政赤字の金額が変わらなくても、GDPの数字が地下経済の分だけ大きくなれば、財政赤字のGDPに対する比率は表面上小さくなる。

EUはマーストリヒト条約で決められた財政協定で、加盟国に毎年の財政赤字をGDPの3％以内に抑えることを要求している。財政赤字が大きく、もともと地下経済の規模が大きかった国が地下経済をGDPに算入するようになれば、この目標を達成しやすくなるのだ。

日本の地下経済の約6割が個人の脱税

では、日本の地下経済の規模はどれぐらいになるのであろうか。まず、「通貨的アプローチ」による推計を試みる。このアプローチは現在地下経済の大きさを測る際、もっとも頻繁に利用される分析手法のひとつになっている。ＯＥＣＤ（経済協力開発機構）加盟諸国のうち約半分の15カ国で実際に使われたことがある。

推計方法を簡単に紹介すると、はじめに地下での経済取引は、発覚を恐れてすべて現金で行われるという仮定を設定する。次に経済全体で需要される現金と、地上経済だけで需要される現金を関数推計によって求め、その差から地下経済で需要される現金を推定していく。

具体的には、まず、現金需要に影響を及ぼす複数の説明変数を使って現金需要関数を推計する。その際、推計式には租税負担率を入れる。租税負担率が重くなるほど、脱税や税務当局が把握しづらい現金での地下取引が拡大すると考えられるからである。

この現金需要関数から導出した推計値が、経済全体で需要された現金（1）になる。次に、租税負担率をゼロとして、地下経済が存在しないと仮定した場合の推計を行う。これがオモテの経済だけで需要される現金（2）である。したがって、（1）と（2）の差が地下経済で使用された現金（アングラマネー）ということになる。この現金通貨需要関数の推計結果に基づいて地下経済の規模を推し測る。

図表1-1　日本の地下経済の大きさ（通貨的アプローチによる推計結果）

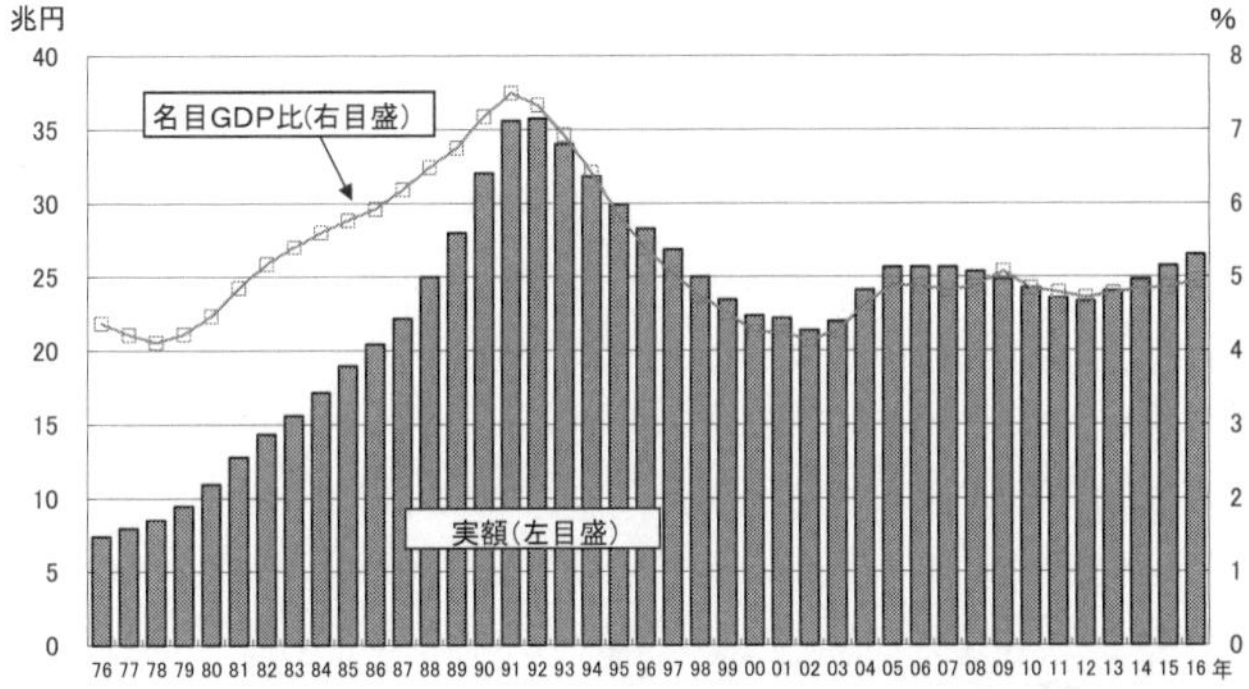

出所：各種統計より筆者推計

筆者が「通貨的アプローチ」を使って推計した結果によると、日本の地下経済は1970年代から80年代にかけて拡大傾向で推移していた（図表1－1を参照）。とくに80年代後半のバブル期に急速に肥大化しており、ピーク時の91年には35・6兆円、名目GDP比で7・5％の規模に達した。

バブル崩壊以降は縮小傾向をたどっていたが、2013年頃から再度拡大の兆候が見え始めており、直近の2016年は26・5兆円、名目GDP比では4・9％となっている。26・5兆円という金額は、2017年度の国家予算のうち公務員人件費（国と地方を合わせて26・6兆円）に匹敵する規模となっている。

「通貨的アプローチ」を使った推計によって、日本の地下経済全体の大きさを大まかにとらえることができた。

しかし、この方法では地下経済を構成している個別の経済活動が、どれぐらいの規模でどのように推移しているかという点については、ブラックボックスのままになってしまう。

そこで、地下経済を構成する個別の経済活動を積み上げていく直接推計法を使って、地下経済を構成する個別の経済活動が全体に占める割合をみると、脱税が74・1%、その他の犯罪活動が25・9%となっており、日本の地下経済の7割強が脱税によって成り立っていることがわかる（図表1－2を参照）。

脱税のなかでは個人事業主の脱税（地下経済全体の57・2%）が大半を占めており、法人部門の脱税（同16・9%）はそれほど大きくはない。

近年、個人の脱税で増えているのがFX（外国為替証拠金取引）脱税だ。FXは、少ない元手で巨額のお金を動かせるという点に特徴がある。

個人投資家は、FXの専門業者に証拠金を預けて、さまざまな通貨の売買を行うわ

図表1-2　直接推計法により算出した日本の地下経済の内訳(2016年)

(単位:10億円)

	下限値	上限値	構成比(%)
脱税額	7,705.5	14,735.1	74.1
個人	5,951.1	11,380.2	57.2
法人	1,754.4	3,354.9	16.9
暴力団の非合法所得	970.1	1,910.0	9.6
うち覚せい剤の密売	730.2	1,670.1	8.4
うち違法賭博	52.4	52.4	0.3
うちその他収入	187.5	187.5	0.9
セックス産業の非合法所得	1,673.3	1,741.8	8.8
ソープランドのサービス料	616.6	685.1	3.4
ファッション・ヘルス、イメージクラブのもぐり営業	257.9	257.9	1.3
デリバリーヘルスの違法営業	465.8	465.8	2.3
ホテトル	14.8	14.8	0.1
JKビジネス	79.9	79.9	0.4
外国人売春(立ちんぼ)	6.4	6.4	0.0
大阪のちょんの間	12.0	12.0	0.1
違法外国人エステ	208.9	208.9	1.1
裏DVDの販売	11.0	11.0	0.1
自動車の窃盗市場	22.9	22.9	0.1
違法賭博市場(民間)	30.6	30.6	0.2
偽ブランド市場	54.9	54.9	0.3
拳銃の密売市場	2.8	9.7	0.0
ヤミ金融業者の非合法利益	733.6	733.6	3.7
医師への謝礼金	266.0	266.0	1.3
その他の違法ドラッグ密売	57.7	57.7	0.3
ヘロイン	2.1	2.1	0.0
コカイン	4.6	4.6	0.0
乾燥大麻	28.0	28.0	0.1
大麻樹脂	6.2	6.2	0.0
MDMA(合成麻薬)	16.8	16.8	0.1
盗撮動画投稿	32.7	32.7	0.2
危険ドラッグ	120.0	120.0	0.6
中国式白タク	21.8	21.8	0.1
産業廃棄物の不法投棄	800.0	800.0	4.0
転売を目的とした書店での万引き	47.0	47.0	0.2
転売を目的としたドラッグ・ストアでの万引き	29.3	29.3	0.1
合計	11,834.6	19,879.5	100.0

注：構成比は上限値をもとに算出した。
出所：直接推計法により門倉試算

けだが、その際にレバレッジ（証拠金倍率）をかけることができる。つまり、自分の持っているお金の何倍ものお金を動かせるということ。

こうしたFX人気の裏で増加しているのがFX脱税なのだ。国税庁が、FXをしている人を対象に行った実地調査の結果（06事業年度）によると、1件あたりの申告漏れ金額は2176万円に上った。同年度の所得税の申告漏れ金額が1件あたり846万円となっているので、FXの1件あたり申告漏れ金額はその2・6倍。FXの脱税がいかに巨額に上るかがわかる。ちなみに、FXの申告漏れ金額の全国合計は224億円にも達する。

07年4月には、**東京都世田谷区在住の主婦がFXで儲けた約4億円の利益を隠して、約1億3900万円を脱税していたことが発覚**した。

なぜ、FXの脱税が横行するかといえば、それまでFX取引を扱うFX業者には、個人投資家の取引内容を税務署に申告する義務がなかったということがある。つまり、個人投資家がFXによって得られた利益（雑所得の扱い）を税務署に申告しなくても、そもそもFX業者が取引内容を税務署に提出していないので、脱税が発覚しづらかったのである。

国税庁は、ＦＸの脱税を防ぐため、08年度からＦＸ業者に対して「取引報告書」の提出を義務付けるようになった。

一方、犯罪部門のなかでは暴力団の非合法所得（地下経済全体の９・６％）とセックス産業の非合法所得（同８・８％）が大きな割合を占める。

日本の地下経済が90年代以降縮小傾向をたどった背景には、景気の低迷や減税などによって地下経済の7割超を占める脱税が減少したことがある。

暴力団の非合法所得やセックス産業の非合法所得など、犯罪に関わる地下経済活動は、90年代後半以降も不気味に拡大を続けていたが、２０１０年以降は暴力団の非合法所得が低迷するようになっている。

２０１３年以降は、アベノミクスの効果などにより国内景気が上向くようになっており、脱税が増えることを通じて地下経済の規模が再度拡大しつつある。

OECDの中で最大の地下経済を抱えるトルコ

次に、今度は他国と比較して日本の地下経済がどの程度の大きさであるかを明らかにしてみたい。

フリードリッヒ・シュナイダーによって導出されたOECD加盟国の推計結果（MIMICモデルによる）を２０１５年時点で比較すると、名目GDPに対する比率で地下経済が大きい順に、トルコ（27・８%）、エストニア（26・２%）、ラトビア（23・６%）、ポーランド（23・３%）となっている（図表1-3を参照）。

OECD加盟国中、最大の地下経済を抱えるトルコには、毎年たくさんの難民が流入しており、これらの**難民の多くが労働許可証を取得しないまま闇労働に従事している。**とくにトルコで生活する２５０万〜３００万人のシリア難民が、過酷な労働条件のもと、ジーンズなどファストファッションの工場などで働かされていると言われる。

地下経済の規模が次に大きい国々としては、ギリシャ（22・４%）、イタリア（20・

図表1-3　OECD加盟国の地下経済（2015年）

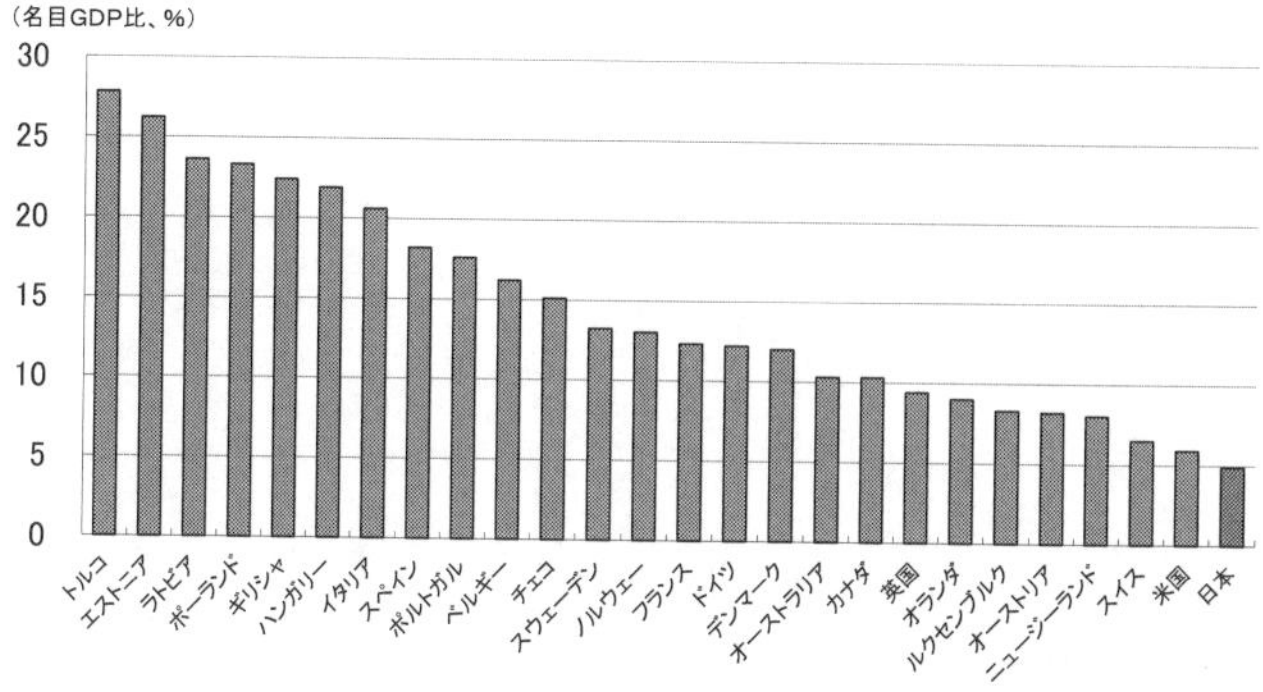

出所：フリードリッヒ・シュナイダーのMIMICモデルによる推計
注：日本は門倉の推計

6%）、スペイン（18・2%）、ポルトガル（17・6%）などが挙げられる。これらの国は2008年9月のリーマン・ショック後に経済危機に直面し、「PIGS（この豚野郎）」という不名誉な名前を与えられたグループである。PIGSの各国政府は、リーマン・ショック後の世界不況に直面して、景気を下支えするために巨額の財政支出を行った。脱税など地下経済が横行しているおかげで歳入がなかなか増えないうえ、政府の支出がどっと増えたために、財政赤字が一気に無視できないほどの規模に膨らんでしまった。

　一方、地下経済の規模が小さい国としては、オーストリア（8・2%）、スイス（6・5%）、米国（5・9％）などがある。

筆者が先に行った2016年の日本の推計結果は4・9％であるから、日本の地下経済の規模は他のOECD加盟国と比べてかなり小さいといえる。

日本の地下経済が低水準にとどまっている理由としては、①日本の租税負担率や失業率が相対的に低いこと、また、②他国に比べて地下経済での活動に対する規制が厳しいことなどが考えられる。

以上は、先進諸国間での比較だが、開発途上国と比較するとどうであろうか。

フリードリッヒ・シュナイダーが同一の推計方法を使って各国における地下経済の規模を比較した結果によると、2007年の地下経済の名目GDP比率はOECD諸国の平均17・1％に対して、途上国経済では中南米が41・1％、サブサハラ・アフリカ地域が40・2％、南アジアが32・3％、中東・北アフリカが28・0％と、圧倒的に規模が大きい（図表1－4を参照）。

先進諸国に比べると雇用機会が少ないことが途上国の地下経済の規模が大きい最大の要因となっている。

図表1－4　先進国と開発途上国の地下経済（2007年）

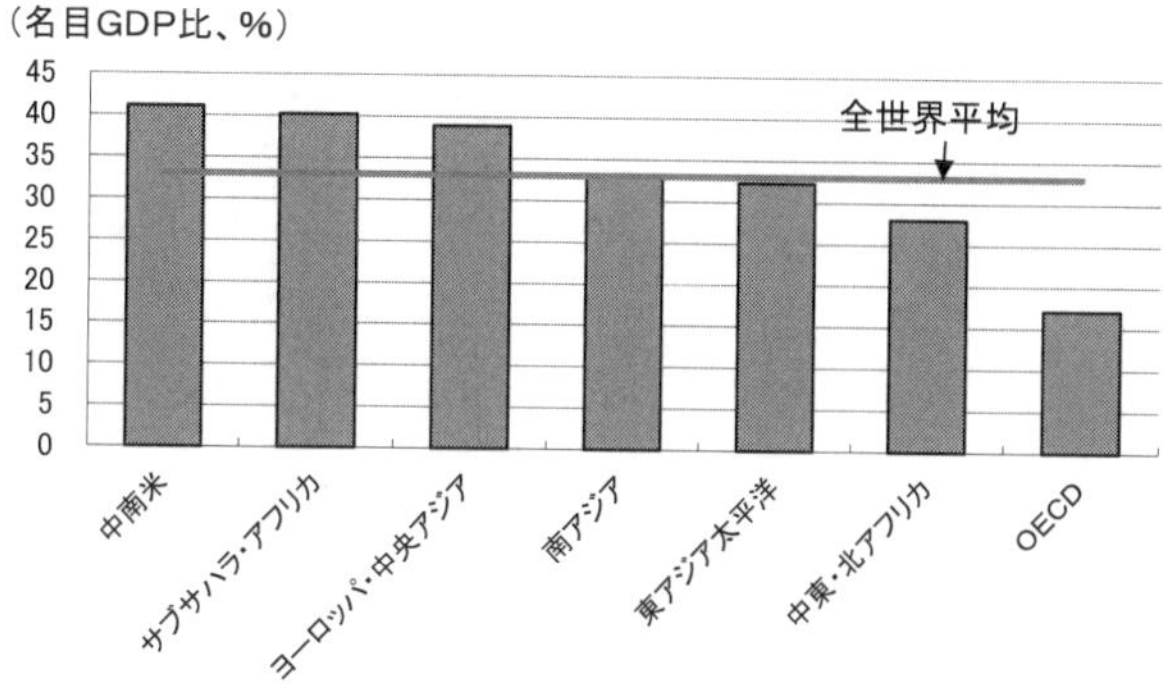

出所：フリードリッヒ・シュナイダーの推計

たとえば、アジアのなかで最も地下経済の規模が大きいタイ（地下経済の名目GDP比は07年時点でなんと48・2％！）では、1970年代から80年代にかけて、機械化の進展などによって生じた農村の余剰労働力が雇用機会を求めて都市部に流入したが、教育水準の低さなどが障害となって統計的に雇用が把握されるフォーマル・セクターには移動できず、多くの者は密輸や売春など地下経済での活動を余儀なくされている。

ブラックマーケットに関するさまざまな情報を提供している「HAVOSCOPE」というサイトによると、タイの売春産業が1年間に稼ぎ出すお金はざっと64億ドル（約73

60億円）に上る。タイの観光収入（481億2400万ドル）の13・3％が売春産業によってもたらされているということだ。

東京五輪に向けて膨張する東京の地下経済

ヒト・モノ・カネの動きが集中する東京では、国内外のあらゆる企業に大きなビジネスチャンスが広がっている。

カネのにおいに敏感な闇勢力も東京に惹きつけられ、夜の東京は魑魅《ちみ》魍魎《もうりょう》の跋扈《ばっこ》する世界へと変貌する。

では、東京の地下経済はどれぐらいの規模になるのだろうか。地下経済を構成するさまざまな経済活動を個別に推計して、それらを積み上げていく「直接推計法」の手法を使って算出した東京の地下経済の大きさは、2012年度の時点で約4兆6870億円にも上る（図表1-5を参照）。

日本全体の地下経済（2012年度の時点で約23兆3274億円）のじつに2割（20・

図表1－5　東京都の地下経済の大きさ（2012年度）

項目	金額（百万円）	構成比（%）
脱税	2,728,039	58.2
違法薬物	421,862	9.0
性風俗	342,177	7.3
違法カジノ	65,623	1.4
その他	1,129,652	24.1
合計	4,687,352	100.0

出所：直接推計法により門倉試算

1%）が東京に一極集中している計算だ。

２０２０年に開催される東京五輪の経済効果が約３兆円と試算されているので、東京の地下経済はざっとその１・５倍以上の大きさになる。

東京の地下経済の内訳をみると、やはり企業の本社機能が集中していることもあって脱税の規模が突出して大きくなっており、その金額は年間約２兆７２８０億円に及ぶ。

次に大きいのが、覚せい剤や大麻、コカイン、ＭＤＭＡ（合成麻薬）といった違法薬物の取引市場で、その金額は年間約４２１９億円。最近では、いわゆる危険ドラッグの乱用者が都内で増加傾向にあり、それに伴って危険ドラッグ絡みの交通事故も多発している。

また、吉原に集積するソープランドの非合法所得や営業の届け出をきちんとしていないモグリ営業のデリバリーヘルスなど、風俗関係の地下経済は約３４２２億円。風俗関係については、２００２年の日韓共催Ｗ杯のときと同様、東京五輪が開催されるまでに違法店の摘発が相次ぐことが予想され、今後は風紀の取り締まり強化で市場規模が縮小していく可能性が高い。

さらに、違法カジノが約６５６億円。特殊詐欺やヤミ金融、自動車の窃盗、産業廃棄物の不法投棄など「その他」が約１兆１２９７億円となっている。

第2章

性風俗と地下経済

日本のAV市場は年間1037億円

第2章では、地下経済の一角を占める性風俗産業について詳しくみていく。あらかじめ誤解のないように断っておくと、日本にはさまざまな性風俗産業が存在するが、これらがすべて地下経済に含まれるわけではない。性風俗産業の中で、**地下経済に含まれるのは、売春防止法に抵触する違法な性的サービスの提供や当局に届け出をしていないモグリ営業**などである。

まず、アダルトビデオ（AV）業界の動向から紹介すると、日本のAV市場は縮小傾向をたどっている。その理由としては、インターネットの普及が進み、DVDを購入せずともネット上で手軽にAVを視聴できるようになったことが挙げられる。また、若い男性の草食化や絶食化が進んで、そもそもAVに興味をもたない人が増えているといった事情も挙げられるだろう。

では、日本のAV市場はどれぐらいの大きさになるのか。矢野経済研究所が行ったアンケート調査によると、「自分をオタクと思っている」、もしくは「人からオタクと言われたことのある人」は19・1％に上った。この割合をAV視聴が可能な18歳以上の男性人口に当てはめると、769・5万人となる。矢野経済研究所の調査で、オタク層が1年間に支出するAV関連の消費額が1人あたり1万3471円であることがわかっているので、**2016年時点におけるAVの市場規模は、オタク層（769・5万人）×1万3471円＝約1037億円**ということになる。

日本国内においてはAV市場の先細りが避けられない情勢なので、今後日本のAVメーカーはクールジャパン戦略の一環で、海外の市場に活路を見出していくべきだろう。

その点、米国のトランプ大統領がTPP協定（環太平洋パートナーシップ協定）からの離脱を表明し、TPP交渉が暗礁に乗り上げたことは、日本のAVメーカーにとってはプラスの材料になるかもしれない。もし、TPPが発効していれば、日本のAVは米国をはじめとするTPP加盟国に販売できなくなっていた可能性があるからだ。

というのも、日本のAV女優は童顔・ロリ顔の子が多く、海外の男性の目にはかなり幼く映り、成人女性であっても児童ポルノに見える場合があり、米国の倫理規定に抵触する可能性があった。そうなると、日本のAVはTPP加盟国で販売することが難しくなってしまい、最終的に日本人AV女優が消滅する事態を招きかねなかった。

なお、日本のAVは今フランスで大人気となっている。これはフランス人男性が「体毛フェチ」であることと関係がある。フランスでは、衛生上の理由や美的観点から女性がアンダーヘアをきれいに剃っているケースが多い。アンダーヘアが希少であるため、そこがフランス人男性のフェティシズムの対象になっているのだ。

日本のAVでは、女優の毛深いアンダーヘアがしっかりと映っているため、それが「体毛フェチ」のフランス人男性には「これは辛抱たまらん!」という感じで、とてもエロティックに見えるそうだ。

深刻化する「AV強要問題」

では、どれぐらいの女性がAV業界で働いているのか。日本には大小合わせて15

0ぐらいのAVのプロダクションがある。1社あたりの在籍数は平均すると50人なので、約7500人がAV女優として働いていることになる。このうち3分の2に相当する5000人ぐらいが毎年入れ替わっているという。

AV作品があまり売れなくなった一方で、AV出演のハードルが下がってAV女優志願者は増えているため、需要と供給のバランス関係からAV女優のギャラは下がってきているというのが実情だ。

バブル期（80年代後半～90年代初め）の単体女優（単体作品の主役を飾れるような人気AV女優）は、事務所に入った時点で契約金として500万～1000万円がポンと支払われた。飯島愛さんの著書『プラトニック・セックス』によると、1991年、彼女がAV業界に入ったときには契約金として1000万円をもらったという。また、単体女優のギャラは平均して1本500万円ぐらいだった。

現在は、トップクラスの単体女優であってもギャラは1本300万円が相場となっている。事務所がギャラの3分の2ぐらいをとるので、単体女優の場合、1本のAV出演で100万円ぐらいの収入ということになる。毎月1本リリースするとすれば、年収は1200万円だ。

企画単体女優（企画女優だが単体作品に出演できる知名度や実力をもっている女優）のギャラが10万円程度。企画女優（女優名を必要としない企画ありきの作品に出演するAV女優）になると、ギャラが2万～3万円まで落ち込んでしまう。

2016年には、タレントの坂口杏里さんが芸能人専用レーベル「MUTEKI」からAVデビューを果たした。ギャラは1億円以上で、このうち本人の取り分は2000万円程度と報じられた。かなり高額という印象を受けるが、これはタレントからAVへの転身ということで話題性があり、ある程度の売上が確実視されているため、例外的に高額のギャラになっているのだ。

自らAV出演を志願する女性が増える傍らで、無理矢理AVに出演させられる女性も増えている。

2016年6月、AVへの出演を強要されたという女性の訴えをもとに、芸能プロダクションの元社長ら3人が労働者派遣法違反（有害業務派遣等）で検挙される事件が発生した。被害女性は、プロダクションと雇用関係を結ぶにあたって、AV出演を告知されず、モデルとして採用されていた。その後、AVの仕事と知って出演を拒否したところ、「違約金を払え」などと言われ、仕方なく出演を続けたということだ。

それ以降、同様の被害を訴える女性が次々とメディアに登場して社会問題化するようになった。

2018年3月1日には、警視庁が、AVプロダクション社員1人とスカウトマン3人を職業安定法違反（有害業務の紹介）の容疑で逮捕したと発表した。

男たちは、2016年2月、わいせつな行為をさせることを知りながら、当時19歳のモデル志望の女性をAV制作会社に紹介していた。女性には「AVに出演せずにモデルにはなれない」「長澤まさみもそうやってオモテに出た」などとウソをついて無理矢理AVに出演させていたという。

AV出演強要の典型的な手口は次のとおりである。被害女性は、繁華街の路上で「タレントにならないか？」「グラビアモデルにならないか？」「アイドルになってみないか？」などと、プロダクションのスカウトマンに声をかけられる。

女性は、もともとタレントやグラビアモデル、アイドルになりたいという気持ちをもっていたため、すぐにグラビアモデルになることを承諾し、指示されるまま契約書に署名をした。

しかし、**契約書には小さい文字で「制作するDVDなどが、成人向けである場合も含めて出演する」と書かれて**いて、契約をかわした途端にAVへの出演を余儀なくされる。そして、女性がAV出演を断ると「契約だから仕事を拒絶することはできない」「仕事を断るのなら違約金を払え」「親にバラして請求書を送る」などと脅し、出演せざるを得ない状況にしてしまう。おとなしくて「ノー」と言えない女性がこうした被害に遭いやすい。

内閣府の調査（2016年12月に15歳から39歳の女性2万人を対象に実施）によると、モデルやアイドルにならないかと勧誘されたり、広告を見て応募したりしたことがあると答えた女性は2575人だった。

このうち実際に契約に至った197人に詳細を尋ねたところ、全体の26・9％に相当する53人が「契約時に聞いていていない、あるいは同意していない性的な行為の写真や動画の撮影に応じるよう求められた経験がある」と回答した。さらに、このうち17人は「求められた行為を実際に行った」と回答した。

このようにＡＶ出演を強要される被害が相次いで表面化したことから、２０１７年に人身取引（トラフィッキング）事件に巻き込まれた日本人の被害者数は28人と、３年連続で過去最悪を更新した。

被害に遭った28人のうち半数の14人がＡＶ出演を強要されていた。14人はいずれも当時18歳の女性で、モデル募集を装ったインターネットのサイトに応募したところ、身分証を取り上げられ、ＡＶ出演契約書への署名を強要されたという。

イリオモテヤマネコよりも希少性の高いＡＶトップ男優

一方、ＡＶ男優のギャラ事情はどうなっているのか。ＡＶ男優の世界にはかなり厳しいヒエラルキー（階層）が存在する。

『ＡＶ男優しみけん 光り輝くクズでありたい』によると、ピラミッドの頂点に君臨する男優はわずか70〜80人だ。絶滅危惧種のイリオモテヤマネコの生存数が約１００

匹と推定されているので、それよりもさらに少ないことになる。

男優のギャラは現場ごとに支払われることになっており、トップ男優ではひとつの現場で5万円くらいが支払われる。月25日稼働して1日2つの現場を掛け持ちすれば、月収は250万円、年収に換算すると3000万円くらいになる。

その下の階層が「フェラ男優」で、これは女優さんにフェラチオをしてもらうためだけに出演する男優のこと。フェラ男優の月収は20万〜50万円くらいと言われる。

そして、ヒエラルキーの底辺には、会社組織でいうところの平社員・新入社員に相当する「汁男優」が位置している。

汁男優というのは女優との絡みはなく「ぶっかけもの」などの作品で精子を提供するだけの男優のことだ。汁男優になると、1回のギャラは1000円〜1万円くらいまで下がってしまう。しかも、不発だったり、誤爆した場合にはギャラが出ない。

『AV男優しみけん 光り輝くクズでありたい』によると、この「汁男優」の中にも小さいながらヒエラルキーがあって、女優さんを囲むような布陣で「上汁（1列目）」「中汁（2列目）」「下汁（3列目）」の3階層があるという。上汁・中汁・下汁のランクは「必要とされたときにいつでも発射できるか?」「精子の量はどれぐらいか?」といった技術によって決まるそうだ。

女優さんから遠く離れたところで、上汁や中汁の背中を見ながら射精の準備をする下汁のほうが、人並み外れた集中力と高度なテクニックを要求されるような気がするのは筆者だけだろうか。

上汁で頭角を現すと「汁エース」と呼ばれて監督などから一目置かれるようになり、トップ男優への道が開けてくるという。「汁エース」の1回のギャラは7000円以上に設定されている。

毎年300人ぐらいがトップのAV男優に憧れて、AV業界に入ってくるというが、1年経過すると3人ぐらいしか残っていない。それだけ厳しい世界と言えるだろう。

「エロメン」に憧れる女性たち

日本のAV市場は全体としてみれば縮小傾向だが、熱い支持を集めているジャンルもある。今、最もホットなのは「ＮＴＲ」のジャンルだ。「ＮＴＲ」とは、「寝取られ」のことである。「ニトリ」の略語ではないので、くれぐれもご注意いただきたい。「彼氏の目の前で彼女が別の男に寝取られる」「夫の目の前で妻が寝取られる」といったシチュエーションのＡＶで、自分の大切なものを奪われるという精神的なダメージに、えも言われぬ興奮を覚えるらしい。絶望の中から生じる焼け付くような快感を存分に味わうのが「ＮＴＲ」の醍醐味と言ってもいいだろう。

また、シニア層をターゲットにしたＡＶと女性向けのＡＶも急成長している。まず、シニア向けについては、最近、**シニア層を想定したＡＶ作品が次々にリリースされており、いずれも大ヒットを記録**している。

とくに人気なのが、06年にグローリークエストが制作した「禁断介護」のシリーズだ。このシリーズに登場するＡＶ男優は、82歳のおじいちゃんなど本当の超高齢者だ。リアリティを追求していることもあって、シニア層から絶大な支持を集めている。今までに１００本以上のシリーズがリリースされた。

また、ＦＡプロが制作する昭和の時代を舞台にした『昭和三部作』シリーズなどノスタルジックなＡＶ作品もシニア層には人気だ。こちらは、男女のカラミ（情交）のシーンよりは、ストーリー性や情感を重視している点に大きな特徴がある。筆者の推計では、現在シニア層向けのＡＶ市場は年間１０２億円ぐらいの規模になっている。これはＡＶ市場全体の９・８％に相当する。

シニア向けのＡＶとともに、**最近では女性向けのＡＶも人気を集めている。**これまでＡＶは男性が見るものと相場が決まっていたが、そうした状況は大きく変わり、大人の女性も普通にＡＶ鑑賞をエンジョイする時代となっているのだ。

女性向けＡＶが人気になっている現在の状況の根底には、社会意識の変化がある。すなわち、男性だけでなく女性も「性」に対して関心をもつという事実が社会的に容認され、「性」に関して男女の区別なくオープンに語れる世の中になってきたということだ。

また、インターネットの急速な発達によって、ＡＶを通販などで人知れずこっそり購入できるようになったということも、女性のＡＶ購買層を広げることに貢献したとみられる。

ＡＶメーカーが、女性が見ることを念頭に置いてコンテンツをつくるようになったことも、女性向けＡＶの人気に拍車をかけている。

女性向けのＡＶにはいくつかの特徴があって、まず登場するＡＶ男優は、エロくてかっこいいイケメンばかりで「エロメン」と呼ばれる。また、絡みのシーンでは男優・女優とも映って、性器がアップになるシーンはない（男性が見るＡＶでは、ＡＶ男優はほとんど映らず、性器がアップになるシーンがたくさんある）。さらに、過激な内容よりもストーリー性を重視したソフトな路線やハウツーものが多いという特徴もある。女性向けということで、監督や脚本など撮影スタッフをすべて女性にしているメーカーもある。

では、女性向けのＡＶの市場は、現在どれぐらいの金額に上っているのか。筆者の推計によると約60・８億円に上る。これは、世の中に出回っているＡＶの約６％に相当する。

今後、ＡＶ全体に占めるシニア向け商品や女性向け商品の割合はさらに高まっていくことが予想される。

強化される「裏DVD」の摘発

ところで、性器部分にモザイク処理を加えた通常のアダルトDVDの販売は合法であるため地下経済には含まれないが、無修整のわいせつDVD（裏DVD）の販売は、わいせつ物頒布罪に該当し、地下経済に含まれる。裏DVDは繁華街のアダルトショップなどで販売されていることが多い。

2016年11月、**警視庁は、無修整のわいせつDVDを販売した容疑で、男14人を逮捕、無修整のDVD約32万枚を押収した。この押収枚数は過去最多**であるという。男たちは、新宿・歌舞伎町2丁目の店で裏DVDを販売、2014年10月からの約2年間で約3億7500万円の売上があった。

2017年1月には、裏DVDを福袋で販売していた20代の男2人が大阪府警南署に逮捕された。DVD販売店からは4万枚を超えるDVDが押収された。正月の販売ということで、福袋に入った裏DVDは通常よりお安い値段になっていたという。

さらに、2017年9月には、警視庁と熊本県警が無修整のわいせつDVD（裏DVD）を販売したとして、男6人を逮捕した。男たちは、全国に1万6000人の会員をもち、2012年1月以降、累計約15億8000万円を売り上げていたという。

近年、警察当局は裏DVDの販売業者の摘発に力を入れているが、この背景には**裏DVDの販売が、暴力団をはじめとする闇勢力の資金源となり、犯罪に利用されるケースがある**ためだ。

ただ、警察当局がいくら摘発を強化しても、雨後のタケノコのように次々に新たな裏DVD販売店が出てくるため、その市場規模は今なお拡大傾向にある。筆者の推計では、2016年の裏DVDの市場規模は年間約110億円に上った。

裏DVD店のほうも摘発を逃れるために、さまざまな工夫をするようになっている。**摘発逃れの手段として、最近では店に「雇われ店長」を置くところが増えている。**

「雇われ店長」は、リストラの憂き目にあった中年の元サラリーマンが多く、求人情報だけを見て応募してきている。愁いを帯びた「雇われ店長」は詳しい事情を知らず、警察に摘発されても、経営者までは捜査の手が及びづらいのだ。

また、摘発されたとき、無修整のハード・コアDVDが証拠品とならないよう、パッケージだけを店に置いて、中身のDVDは店から離れた保管庫に集めておくといった工夫もするようになった。警察当局と裏DVD販売業者のイタチごっこは、まだまだ続きそうだ。

裏DVDの販売とは別に、インターネット上で無修整のわいせつ動画を配信している会社もある。このような会社は、コンピューターサーバーを米国に置いているため、日本の法律が適用されず、摘発が困難だった。

しかし、2017年3月、無修整動画サイトを運営する米国のグループ会社の社員がわいせつ電磁的記録頒布の疑いで逮捕された。この社員は日本で撮影された動画データを圧縮する作業に携わっており、米国から旅行で沖縄県を訪れたところを逮捕されたという。

今回の摘発をきっかけに、今後は、警察当局がこれまでグレーゾーンだった無修整動画を厳しく取り締まっていく可能性が高い。

「乱交パーティー」主宰で1回20万円を稼ぐ主婦も

読者のみなさんは、毎週末の夜、怪しげな「乱交パーティー」が高級ホテルのスウィートルームやラブホテル、一軒家、マンションの一室などでひっそりと開催されていることをご存知だろうか。

こうした「乱交パーティー」の多くは、インターネットの電子掲示板（BBS）やSNSを通じて参加者を募ることが多い。

ただ、掲示板にあからさまに「乱交パーティー」という言葉が書き込まれることはなく、「大人な飲み会」「大人なパーティー」など隠語でオブラートに包んで表現されている。また、後で詳しく述べるが、**「乱交パーティー」には違法性があるので、警察当局に尻尾をつかまれることのないよう、こうしたサイトや掲示板は短期間のうちに閉鎖されてしまう。**

では、「乱交パーティー」の会場となる密室で、どのような秘め事が行われているのだろうか。大まかな流れは次のとおりだ。

まず、パーティーへの参加希望者は、主宰者と面談して会員登録を済ませる（面接ではおもに素性をチェックしている）。会員登録したら主宰者にパーティーの開催日時・会場を教えてもらう。パーティー当日は、男性5人、女性5人というように、会場にある程度の人数が集まったところで、順番にシャワーを浴びる。

シャワーを浴びた後は、リビングルームでお茶やビール、スナックなどを飲み食いしながら談笑し、盛り上がってきたところで、男女のグループがベッドルームに移動して酒池肉林のプレイを楽しむ。

1回の参加費は男性が1万5000円～2万円。女性は無料というケースが多い。「乱交パーティー」に参加する女性は性風俗関係の仕事をしている人も多く、パーティー終了後、主宰者のほうから、男性客が払った参加費用の中からギャラが支払われることになっている。2014年に公開された映画『愛の渦』のように、素人の女性が「乱交パーティー」に参加することは、現実の世界ではあまりない。

ただ、素人の女性が「乱交パーティー」に参加するケースもある。最近ではごく普通の主婦が小遣い稼ぎの目的で「乱交パーティー」の主宰者になるケースが増えている。この場合、男女とも参加者は素人ということになり、主宰者は双方から参加費を徴収する。パーティーの参加費をホテル代などにあてた残りは主宰者の懐に入ることになり、1回のパーティーの開催で20万円ぐらいを稼ぎ出す主婦もいるそうだ。

ところで、そもそもの話、**「乱交パーティー」を開催したり、あるいは「乱交パーティー」に参加することは犯罪**になるのだろうか。結論から言うと、犯罪になる。「乱交パーティーは、多人数でのセックスを楽しみたいという共通の趣味をもつ人たちの集まりで、誰にも迷惑がかかっていないのだから、犯罪として摘発されるのは納得がいかない」と考える人も多いことだろう。

しかし、日本の現行の法律においては、「乱交パーティー」は、警察当局にその現場をおさえられたら「公然わいせつ罪」に問われることになる。「公然わいせつ罪」は、不特定または多数の人の前で性器を露出する行為に対して適用される。「乱交パーティー」では、不特定多数の者が公然とセックスをしているわけで、参加者が他の参加者の性器を見ることができる状態にあることが問題視される。

「乱交パーティー」が「公然わいせつ罪」で摘発された事例は枚挙にいとまがないが、たとえば、２０１０年10月には香川県まんのう町の貸しロッジで「四国ノ乱」と呼ばれる参加者49人（男性25人・女性24人）の「乱交パーティー」が摘発された。参加者49人のうち、すでに服を脱いで全裸になっていた４人が公然わいせつ罪で現行犯逮捕されている。

また、**「乱交パーティー」の主宰者は、売春防止法違反（場所提供）で摘発される可能性がある。**たとえば、２０１５年６月には、同人漫画家の男が「乱交パーティー」と称し、売春の場所を提供したとして、売春防止法違反（場所提供）の疑いで現行犯逮捕された。この男は、乱交パーティーの当日、風俗店従業員の女性３人が20〜40代の男性客４人に売春をする場所を提供していたという。

AV女優在籍のソープランドが摘発されたワケ

２０１６年10月、東京・吉原のソープランド街に衝撃が走った。警視庁にソープランド2店が摘発され、経営者ら4人が「売春防止法違反（場所提供）」の容疑で逮捕されたのだ。

摘発されたのは「オートクチュール」と「ラテンクオーター」の2店。**ソープランドでの売春は黙認されているはずなのに、この2店が今さら「売春防止法違反」で摘発されたの**はなぜか。

摘発されたのは、この2店のマーケティング戦略がまずかったからではないかと言われている。

じつは「オートクチュール」と「ラテンクオーター」の2店は、AV女優とのプレイが楽しめる店ということで巷では有名だった。通常料金は120分で6万5000円だが、AV女優を指名する場合は「プレミア」価格となって8万円の料金だった。

ソープランドの中では超高級店のカテゴリーに入るが、2店ともすぐに予約が埋まってしまい、予約が取れないほどの人気店だったのである。AV女優とのプレイを楽しみにして、わざわざ地方から東京まで出てくるお客さんもいたそうだ。摘発されるまでの7年間の累計で約10億2900万円を売り上げていたという。

しかし、店側が、ＡＶ女優が在籍しているということをアピールしすぎた。「オートクチュール」や「ラテンクオーター」はホームページでのＰＲがかなり派手で、ＡＶ女優の名前や写真、出演作品をすべて掲載していた。抜群の集客効果を発揮したが、人気が出過ぎて相当目立っていたのである。

ソープランドは男女の出会いの場を提供する場所という建前になっているので、「うちには、ＡＶ女優が在籍しています！」と大々的に宣伝してしまうと、見方によっては、あからさまに売春を誘っていると解釈されてしまう。政策当局にとっては、**「ソープランドは黙認するが、ひっそりと営業するのが条件」**ということなのだ。

男の欲望をくすぐることには成功したものの、目立ちすぎてお上の目に留まってしまった「オートクチュール」と「ラテンクオーター」。今回の摘発を教訓に、今後は目立ちすぎないよう日陰の花に徹して地道に営業していってほしいものだ。

ようやく予約がとれて、ソープランドに行くことを密かに楽しみにしていたのに、今回の摘発でその夢がやぶれてしまったお客さんもいたはずだ。そのようなお客さんについては、不運としか言いようがない。

ソープランドの市場規模は年間9134億円

では、ソープランドの市場規模はどれぐらいの大きさになるのか。「待ち行列理論」などを使ってソープランドの1店舗あたりの年間売上高を推定したうえで、店舗数を乗じて全体の規模を推計してみよう。

「待ち行列理論」とは、銀行の窓口などのように人の行列ができるシステムにおいて平均的な待ち時間を測定しようとするものである。この理論では、①客がランダムに到着する（統計的にはポアソン分布に従う）、②窓口のサービス時間は指数分布に従う、③サービスは先着順に受ける、④行列への割り込みや途中退出はないという前提をおいている。

とくに窓口が複数の場合の待ち行列は「M／M／S」型モデルと呼ばれる。ここで窓口の数S、サービス時間Ｔs、平均待ち時間Ｔwの値がわかれば、モデルにより1店舗あたりの平均的な客数の推定が可能となる。

なぜ、こんなにめんどうくさい統計的手法を使って市場規模を推定しているかといえば、それはソープランドの経営者に直接売上高や客数の数字を聞いても、教えてくれないからだ。下手をすると、自分がライバル店の店員と勘違いされてしまう。

インターネットや電話照会などによって30程度のサンプルを集計した結果、窓口（個室）の数は8室、平均的なサービス時間は90分、平均待ち時間は6分とのデータが得られた。ただ、この方法も万全ではない。店の経営者はできるだけお客さんを逃がさないようにしたいので、実際の待ち時間よりも少し短めに言う傾向があるためだ。「お客さん、待ち時間なんてゼロですよ」といった具合だ。

とりあえず、ヒアリングによって得られたデータを信じることにして、これらのデータをもとに計算を行うと、平均的なソープランドでは17分に1人の割合で客が来店することになる。営業時間は12時間程度であるから、1日の客数は41人程度、1年間では1万5036人に達する。ソープランドの平均料金をサンプルデータから計算すると5万円程度であるから、1店舗あたり年間売上高はおよそ7億5181万円になる。これに2016年のソープランド数1215軒を乗じると全体の市場規模約9

134億円が求められる。

近年、ソープランドの料金がデフレ傾向にあることを考慮して低価格の場合の推計値を算出すると約8221億円となる。

結局、2016年におけるソープランドの市場規模はおおむね下限約8221億円と上限約9134億円の間に位置することになる。

総務省の経済センサスによると、**全国の銭湯・温泉の売上高が3293億円（2012年）であるから、ソープランドの売上高は、その2・5倍〜2・8倍**ということになる。なんともすごい数字だ。

ちなみに、ソープランドの料金はお店に支払う入浴料とソープ嬢に対して個別に支払う特殊サービス料で構成されるが、税務署に申告されるのは看板の入浴料のみで、料金全体の4分の3程度を占める特殊サービス料の部分はほとんど申告されない。この部分の実態を明らかにすると、追徴課税となるばかりでなく売春防止法に違反していることを認めることになるからだ。

入浴料は店側の取り分、特殊サービス料はソープランド嬢の取り分となるので、2

016年の店の取り分は2283・5億円(＝9134億円×0・25)、ソープランド嬢の取り分は約6850・5億円(＝9134億円×0・75)と推定される。

進化し続けるファッションヘルスとイメクラ

80年代後半に登場して以来、急成長を続けるファッションヘルスとイメージクラブ。いずれの業態も1万円台という手頃な値段と豊富なオプションが、景気の状態に関わりなく客をひきつける要因となっている。

従来のイメクラの定番は「痴漢電車コース」だった。これは、電車の車内を模した部屋で、お客さんが痴漢に扮《ふん》して、女の子とプレイを楽しむというもの。「ガタン、ゴトン」といった電車の走行の効果音がついているところもある。

最近では、「痴漢電車コース」がさらなる進化を遂げており、電車の「乗り換え」もできるようになった。まず、最初の痴漢電車では、OL風や女子高生風の女の子が次々に3人乗車してくる設定になっている。しばらく、痴漢プレイを楽しんだら、今度は3人の中から気に入った子を1人だけ選んで別の車両に乗り換えるという仕組みだ。

夜這いプレイも相変わらず人気コースとなっている。これは女の子やお客さんがベッドで寝たふりをしているところからプレイが始まる。男性が夜這いをかける場合、無料オプションで電マやローターをレンタルしてくれることがある。どちらかが相手をイカセるまでプレイが続く。

変わったところでは、「拒絶コース」もある。これは、女の子がひたすらお客さんの要求を拒むという高度なプレイ。「ちょっと触らせなさい」「先生、ダメです。困ります」「ちょっとだけ、いいじゃないか」「ダメだったらダメです」「ほんのちょっとだから」「絶対ダメです」といったやりとりが繰り返される。男性客は女の子が拒絶する姿を見て、興奮度を高めていく。最後は抵抗むなしく相手を受け入れてしまう。

ファッションヘルスでは、人妻ヘルスが人気だ。これはファッションヘルスに在籍している女性がすべて人妻というもの。人妻は、テクニックはもちろんのこと、話術も巧みなので、中高年層の男性が癒やしを求めて利用することが多い。

ただ、自宅の近くに立地する人妻ヘルスに行くと、思わぬ落とし穴が待ち受けていることがある。ある男性が、近所に人気の人妻ヘルスがオープンしたというので、さっそく行ってみることにした。指名をしないで順番を待っていると、出てきたのはなんと懇意にしている隣の家の奥さんではないか。「あっ！……」と出てくると同時に驚きの声をあげてしまったという笑えない話もある。

では、この業界の市場規模はどれぐらいになるのか。窓口が複数の場合の「待ち行列理論（M／M／S型）」などを使って1店舗あたりの売上高を推定したうえで、これに店舗数を掛けて全体の市場規模を推し量ってみよう。

まず、東京と神奈川から選び出した30店舗のサンプルデータを平均すると、個室の数は8室、待ち時間は20分、標準プレイ時間は45分程度である。

これらの集計データをもとに「待ち行列」モデルで計算を行うと、平均的なファッションヘルス、イメージクラブでは8分に1人の割合で客が訪れることになる。営業時間は12時間程度であるから、1日の客数は90人程度、1年間では延べ3万2850人に達する計算となる。

また、ファッションヘルスとイメージクラブの平均料金をサンプルデータから計算すると、1万円程度であるから（ストーリー性のある分、イメージクラブのほうがファッションヘルスに比べて若干高額となっている）、1店舗あたりの年間売上高は延べ来訪客数3万2850人×平均料金1万円でおよそ3億2850万円となる。

これに警察庁が発表している2016年のファッションヘルス、イメージクラブの店舗数（785軒）を掛けると、全体の市場規模は約2579億円と推定される。

もっとも、この推計値は、警察などにきちんと届け出をしている店舗について集計したものである。実際には、営業許可を取らずにこっそりとモグリ営業やボッタクリ営業をしている店舗がたくさん存在する。

たとえば、2001年9月初めに新宿・歌舞伎町で起きた雑居ビル火災事件に際しては、安全確認のために警察が周辺の風俗店へ立ち入り検査を行おうとしたとき、多くの店が休業の看板を出しており、こうした事実はモグリ営業をしている店舗が多数存在することを示唆している。

そこで、NTTのタウンページを使ってファッション・マッサージという業態で登録している店舗の数を調べてみると、東京が67店舗、神奈川が55店舗で合計122店舗となっている。しかし、風俗情報誌を使って調べると東京と神奈川だけでも400店舗以上の情報が掲載されていることがわかった。

風俗情報誌に掲載されている店舗数が実勢を表していることは間違いないので、こちらの断片的な情報をもとに全国の店舗数を大雑把に推定すると、**警察庁の認可を受けている店舗と少なくとも同じ数だけの店舗がモグリで営業しているとみられる。**

先に算出した推計値を2倍にして、2579億円×2＝約5157億円がモグリやボッタクリ営業も含めて、2016年にファッションヘルスとイメージクラブが業界全体で稼ぎ出したお金ということになる。これは、**2017年度の一般会計ODA（政府開発援助）当初予算、5527億円に近い金額**だ。

市場規模を過去に遡ってみると、80年代後半からほぼ一貫して拡大傾向となっており、バブルのピーク時であった1990年（3889億円）から、2016年には約1・3倍の規模まで膨らんでいる。

では、ファッションヘルスやイメージクラブで働く女性はどれだけ稼いでいるのか。この業界では、女の子が入店したばかりだと、客が払った料金のうち店側の取り分が

6割、女の子の取り分が4割と決められることが多い。女の子の勤続期間が長くなるにつれて、取り分の比率は、店側5割女の子5割へ、さらに店側4割女の子6割へと変化していく。

先ほどの計算結果から、1店舗あたりの年間売上高が3億2850万円とわかっているので、これを平均的な取り分の比（5：5）で分けると、女の子たちが受け取る年間報酬は1億6425万円程度となる。ひとつの店舗には平均して20人程度の女の子が在籍していることがわかっているので、1億6425万円を在籍者数20人で割れば、女の子1人あたりの平均年収が計算でき、その金額は821万円程度となる。平均すれば821万円となるが、客がたくさんつく女の子と、客があまりつかない女の子の間では給与の水準に天と地との差が生じることには注意が必要だ。

性風俗のメインストリームとなったデリヘル

近年、破竹の勢いで躍進している性風俗産業がデリバリーヘルス（デリヘル）である。デリバリーヘルスは、店舗型ファッションヘルスが提供するサービスをホテルや男性客の自宅などへ出張して行う無店舗形態の風俗店のことで、別名「出張ヘルス」とも呼ばれる。

デリヘルには売春行為がなく、その点、同じ無店舗形態の風俗でサービスのなかに売春行為が含まれる「ホテトル」や「マントル」などとは性格を異にする。

経営サイドからすると、①店舗を構えていないので営業時間に関する規制がかからず24時間営業ができる、②開業のための設備資金がほとんどかからない、③狭い個室ではなくのびのびとプライベート感覚を楽しみたいというお客の需要とマッチしている、などが店舗形態のファッションヘルスと比べたメリットとなっており、マンションやアパートに住む独身者を中心に人気を呼んでいる。

最近では、ただ話し相手になってほしいとの理由から、デリヘル嬢を自宅に呼ぶ中高年男性も増えている。彼らは、デリヘル嬢に性的なサービスを求めず、会話や添い寝を楽しむだけ。会社や家庭でのストレスをデリヘルで解消しようとしているのだ。

また、客のなかには、デリヘルで呼んだ若い女性にぴったり寄り添ってもらうことで、衰えた精力を回復しようという老紳士もいる。実際、昔のヨーロッパでは処女と添い寝する行為には回春効果があると考えられていた。

1店舗で複数の電話番号登録をしていたり、店舗型から無店舗型に業態転換する業者も多い。

これまでは料金が交通費の分だけ店舗型ヘルスを上回ってしまう点がデリヘルのネックとなっていたのだが、最近では経営努力により交通費の削減も進んでおり、料金の格差は縮小傾向にある。

また、交通費の削減に伴って、ひとつの業者がカバーするエリアも広がりを見せ始めている。たとえば、横浜に拠点をもつあるデリヘル業者の場合、出張エリアは神奈川県全域から東京都の一部にまで及ぶ。

ホテルや自宅まで女の子が来てくれるところがデリヘルの大きな魅力なのだが、各都道府県の男性客はわざわざ県外に出かけて、デリヘルを利用しているようだ。というのも、自分の住んでいる都道府県内だと、デリヘルを呼んでいることが知り合いの女性などにバレてしまう恐れがあるためだ。

デリヘル市場は鳥取県の経済規模をも超える

デリヘルは、1999年4月施行の改正風営法で警察への届け出が義務づけられるまではすべて地下にもぐった存在であった。このため、1998年以前におけるデリヘル業者の数や売上などの実態を把握することはできない。

それでも、夕刊紙や風俗情報誌などに掲載された広告件数の推移などから判断して、デリヘル業者はすでに90年代前半から増加していたものと考えられる。

改正風営法施行後は、施行当初こそ届け出をためらう業者が多かったが、その後数ヵ月の間に、警察への届け出の数は急速に増加していった。

警察庁の資料によれば、デリバリーヘルスにあたる無店舗型第1号営業（派遣型ファッションヘルス）の業者数は1999年の2684軒から、2016年には1万9856軒と17年間で約7・4倍に膨らんでいる。

2016年時点では、店舗型ヘルス（785軒）のじつに25倍にも及ぶデリヘル業者が営業していたということになる。

もちろん、届け出をしていない多数のモグリ業者がいると考えられるので実態としての業者数はさらに多いだろう。とりわけ、渋谷や新宿など都市部のラブホテル密集地域で多くの業者が営業している。

ただ、ここ数年のブームの間に業者数が急増した結果、業者間の競争はかなり激しくなっており、新規参入の増加とともにライバル店との競争に敗れて撤退する業者の数も増えている。

合法店と届け出をしていない非合法店を合わせたデリヘル全体の売上高を推計すると、2016年は、なんと1兆8481億円の規模に達する（このうちモグリ営業部分は5544億円程度）。

鳥取県の経済規模（県内総生産）が約1兆7676億円（2013年度）であるから、デリヘルの売上高はそれをしのぐ規模になる。

デリヘルで働く女性の稼ぎはどれくらいになるのか。店によって多少異なるが、平均すると日給で3万5000円程度を稼ぐことができる。月20日間勤務するとすれば、月収は70万円になる。お客さんが支払った料金（1万5000円から2万円程度）のうち、6割から7割が女性の手元に入るというのが大体の相場である。

デリヘル嬢の低年齢化問題

今や性風俗産業のメインストリームになったデリバリーヘルス業界だが、政策当局による規制が緩かったこともあって、さまざまな問題が浮上している。

ひとつは、**デリバリーヘルスで派遣される女性従業員の低年齢化が進んでいるという問題**だ。18歳未満の女性は、法律上、デリヘルなどの性風俗店で働くことはできないが、一部のデリヘルでは、男性客に少女を派遣している。ロリコン専門のデリバリーヘルスも誕生しており、客のリクエストに応じて高校生や中学生、ときには小学生の少女まで派遣される。

ロリコン男性が主な需要層になるため、派遣される少女の年齢が若いほど価格が吊り上がる。なかには、本当は中学生なのに小学生と偽って男性客のもとに少女を派遣する業者もいるという。

デリヘルが少女を派遣している実態を利用して振り込め詐欺を行う者もいる。典型的な手口は、デリヘルの利用者に電話をして、「もしもし、あなたがこのあいだ呼んだデリヘルの女性従業員は、じつは17歳の少女だったんですよ。両親が警察に行くと言っているので、もし示談にしたければ、指定の口座にお金を振り込んでほしい」というもの。デリヘルの利用者は、恐れおののいて言われたとおりにお金を振り込んでしまうようだ。

また、デリバリーヘルスと称して、実態としてはホテトルに近い経営を行っている業者も少なくない。たとえば、2004年6月に「売春防止法」違反（周旋《しゅうせん》）で摘発された神奈川県相模原市のデリヘル業者は、男性客に紹介した女性キャストに売春をさせていた。

そうしたなか、2006年5月1日に施行された改正風営法によって、デリバリーヘルス業界に対する規制・罰則が強化された。

それまでの風営法においては、事務所の届出義務はあったが、女性従業員らの待機場所である受付所の届出義務はなかった。改正風営法では、受付所についてもその届出が義務づけられ、警察による厳しいチェックが随時行われることとなる。最近では、事務所とは別に、繁華街に受付所を設置して、そこに女性従業員を待機させる営業形態が増えており、今回の法改正はそうした実態に沿った措置と言える。

また、路上看板やピンクチラシ、新聞・雑誌広告についても制限が加えられ、違法広告を行った場合には、100万円以下の罰金が科される。

改正風営法の施行によって、ひそかに18歳未満の少女を派遣したり、あるいは女性従業員に売春をさせていた業者などではデリバリーヘルスの経営が難しくなったと言えるだろう。

実際、改正風営法施行後、違法なデリバリーヘルスの摘発が相次いでいる。2006年10月には、家出少女や中学生をデリバリーヘルスで働かせていた東京の風俗店経営者が逮捕された。この経営者は、出会い系サイトを通じて、13～17歳の少女15人を募集し、事務所マンションに住まわせていたという。

また、2006年12月には、ホテルと提携して女性従業員に売春をさせていた埼玉県のデリヘル業者が「売春防止法」違反（周旋）で摘発された。デリヘルとホテルによる一体型売春（周旋）が摘発されたのは、これが全国で初めてのケースだ。

このデリヘルでは、まず受付所で女性従業員の写真を見せて客に好きな子を選ばせ、提携先のホテルに案内。しばらくして、女性従業員が男性客の部屋を訪れて、売春をするというシステムになっていた。このデリヘルでは、摘発されるまでに月平均550人もの客がつき、毎月の売上高は700万円に上っていたという。

2015年1月には、全国各地で激安デリヘルを展開していたグループ会社が、売春防止法違反（周旋）の疑いで摘発された。

この激安デリヘルは30分3900円という破格の値段でサービスを提供し、年間4億円を売り上げていたという。オプションメニューにAF（アナルファック）が用意されているのだが、女の子はAFをするぐらいなら、普通にセックスしたほうがまだましと考えて、男性客に性交渉を許していたらしい。

さらに2016年9月には、福岡県のデリヘル業者が女性キャストに売春をさせていたとして、売春防止法違反（周旋）の容疑で逮捕された。

出会い系アプリにはびこる「援デリ」とは？

「出会い系サイト」や「出会い系アプリ」では、違法デリバリーヘルスの「援デリ（援助交際デリバリーヘルス）」がはびこっている。

援デリの仕組みは次のとおりだ。まず、「打ち子」と呼ばれる援デリ業者の男性スタッフが「出会い系サイト」や「出会い系アプリ」にアクセスし、一般女性のふりをして援助交際を募集する書き込みをする。

男性客とメールでやりとりをして、アポをとりつけたら、約束の時間・場所に女の子を派遣し、女の子は男性客からお金をもらって、その見返りに性的サービスを提供する。いわば、本番行為のあるデリバリーヘルスのようなものだ。

援デリの相場は、東京都内で平均2万円、地方だと平均1万5000円で、ホテル代は男性客が全額負担する。基本的には、男性客が払ったお金の3割が援デリ業者、7割が女性という分配になっている。

援デリで働く女性の立場で考えると、援デリ業者を介さずに個人で「出会い系サイト」「出会い系アプリ」を通じて売春をしたほうが、男性客の払ったお金が全額自分の懐に入ってくるので、割がいいように見えるが、じつは、援デリ業者に登録することで生じるメリットがあるのだ。たとえば、男性客との間になんらかのトラブルが発生したとき、バックに援デリ業者がいれば助けてくれるし、危ない男性客はブラックリスト化されているので、安心して仕事に励むことができる。

援デリ業者は、「出会い系サイト」や「出会い系アプリ」の掲示板で援交を求める書き込みをしている女性や、深夜に街を歩いている少女、家出少女などをスカウトして、自分のところに登録させることが多い。

男性が「出会い系サイト」や「出会い系アプリ」の掲示板を通じて女性と会う場合、そのうちの50％は援デリであるとみられる。援デリはデリヘルの無許可営業に相当するため、警察当局に見つかれば、摘発されることになる。

さらに、援デリ業者の中には、違法なことを承知のうえで、18歳未満の少女を男性客のもとに派遣する業者もいる。こういった少女たちを「買う」男性客も、それが条例違反であることを知りつつ買春を繰り返しているというのが実情である。

成人女性が行っている援デリを「裏デリ」と呼んで、未成年の少女が行う援デリと区別することもある。

警察当局は、「出会い系サイト」が18歳未満の少女による援助交際の温床になっていることを踏まえ、少女たちを児童ポルノや児童買春の被害から守る目的で、03年「出会い系サイト規制法」を施行した。さらに08年には業者に対する罰則を強化するなど「改正出会い系サイト規制法」を施行した。

しかし、スマートフォンなどで行う「出会い系アプリ」を含めた各種の「コミュニティサイト」はこの規制の対象外となっているため、依然として18歳未満の少女が援助交際を通じて、児童ポルノや児童買春の被害に遭う事件は後を絶たない。

弁護士や医者も会員となっているSMクラブ

２０１４年10月21日、政治資金問題で辞任した小渕優子氏の後任として宮沢洋一氏が経済産業大臣に就任した。しかし、入閣2日後の2014年10月23日、宮沢氏の資金管理団体「宮沢会」が2010年に政治活動費で広島市内のSMバーに支出していたことが判明して大きな問題となった。この問題について、民主党のある衆議院議員は10月28日の衆院本会議でSMバーを「口にするのも、けがらわしいところ」と表現した。

果たして、SMバーやSMクラブはそれほどにけがらわしいところなのだろうか。

まず、SMプレイの定義を確認しておこう。SMのSはサディズムの略語で、他人を肉体的・精神的に痛めつけることで性的な快楽を得る一種の性的倒錯《とうさく》を指す。一方、Sと対極にあるMはマゾヒズムの略語であり、他人から肉体的・精神的に痛めつけられることで快楽を得る性的倒錯を指す。現在のSMは、肉体的な苦痛のプレイが中心だが、本来は精神的な従属関係（支配と隷属）を確かめることが最大の目的であり、肉体的な苦痛のやりとりはその一部分を構成するにすぎない。

さて、SMをビジネスにする店が全国には多数存在しており、私の独自調査ではSMクラブ、SMショーパブ、SMラウンジは全国で296軒にも達する（2016年末時点）。都内の業者の登録が圧倒的に多いが、地方の中核都市にも少なからず業者が存在する。

各店には、20人〜30人程度のS嬢（女王様）やM嬢（奴隷）、あるいはSとMのどちらにも対応できる人が登録しており、50人以上の登録者を抱える店もある。パーティ要員として登録している素人も含めると、2016年末現在、全国で1万1840人のSM嬢が働いているとみられる。

私のヒアリング調査によると、SM嬢1人あたりの月収は75万円程度なので、全国では1ヵ月あたり88・8億円、年間ではなんと約1066億円にも達する。**顧客が支払った料金のバック率は、性風俗産業のなかではSMクラブが最も高く、平均して料金の7割がSM嬢の取り分**だ。店側が受け取った金額も含めてとらえれば、**SMクラブのマーケットサイズは、年間1522億円**ということになろう。

ほとんどのSMクラブは会員制となっている。言葉攻めや放置プレイ程度のソフトなSMであれば、会員登録をしなくてかまわない店もあるが、ロウソクやムチなどを使うハードなSMについては100％会員登録が必要だ。肉体的なリスクをともなうので、社会的信用のある顧客しか会員にはなれない。

会員になるには、運転免許証やパスポートなど写真付きの身分証明書が必要になる。なお、会員登録する顧客には、弁護士や医者、政治家、会社社長、芸能人などハイソサエティに属する人も多く含まれるため、顧客の情報が漏洩《ろうえい》することのないよう秘密厳守が徹底している。

ハイソサエティに属する人たちは、大抵の場合、SMプレイにおいて自分がいじめられるMプレイを希望する。彼らは、日常生活でどちらかといえば人を使う側の立場にあるため、経験のない奴隷の立場にあこがれるのかもしれない。

1回のプレイ料金は、長年決まった相場があり、顧客がSになるSプレイの場合は、60分で2万5000円~3万円程度、顧客がMとなるMプレイの場合には60分で2万円程度だ。M女の身にリスクがあるぶん、SプレイのほうがMプレイよりも割高になっている。

もっとも、料金は顧客がSになるSプレイのほうが高いが、実際のプレイにおいては顧客がMになるMプレイ、つまりSM嬢が女王様を演じるほうが難しいと言われる。

「ハイヒールでの踏み方はこんな感じでお願いします」というように、なにかとわがままなMの顧客を満足させるためには、相当の演技力や技術力、あるいは「おもてなしの精神」が要求されるからだ。

ちなみに、ノルウェーのオスロ大学の最新の研究で、痛みの感覚はそのときの状況や本人の予測によって感じ方が変わることが明らかになっている。予想したほど痛くなかったとき、人はその感覚に快感を覚える。熟練の女王様は、そうした微妙なテクニックを感覚的に身につけており、ムチ打ちプレイでは最初にMの顧客のお尻を強く叩いた後、次に少し弱くお尻を叩くことで顧客の快感をひきだす。

なお、1999年4月に風営法が改正され、無店舗形態の風俗店が届け出制になったことから、近年はプレイルームをもたずに、ホテルなどでプレイを行う出張形態のデリバリーSMクラブが急増している。とくに、M女系のクラブにそうした傾向が強くみられる。

ここまでSMクラブに関する統計数字をひととおり見てきた。最後に、私が強調しておきたいのは、一見すると道徳的に問題がある、ケガをするリスクがあるなどデメリットばかりで、何のメリットもないと思われがちなＳＭプレイだが、じつはメンタル面でのメリットが非常に大きいという点だ。

たとえば、オランダのティルバーグ大学が実施した調査の結果によると、**ＳＭプレイを好む人はそうでない人に比べて社交的でおおらかであり、新しい経験にも貪欲に挑戦するタイプが多いことが判明**した。つまり、ＳＭプレイをする人は、メンタル面でかなり健康であったということだ。

この事実は、９０２人のＳＭプレイ好き（正確にはＢＤＳＭ好き：ＢＤＳＭはボンテージ（Ｂ）、ディシプリン（Ｄ）、ＳＭのこと）と４３４人のノーマルな人たちを対象に各種の心理テストを行うことによって明らかになった。

今回、調査を行った研究者は、この結果について、ＳＭプレイ好きの人は、ムチを打ったり打たれたり、といった行為によって日頃のストレスを解放しているため、そうした嗜好のないノーマルな人たちよりもメンタル面で健康になっているのではないかと推察している。

中高年に人気の「回春エステ」の市場規模は年間200億円

一般的な傾向として、中高年男性の間では、ソープランドやファッションヘルスなどハードなサービスを提供する性風俗店よりもソフトなサービスを提供する性風俗店のほうが人気だ。ソフトな性風俗のジャンルの中でも、とりわけ「回春エステ」や「回春マッサージ」を支持する声が多い。

「回春エステ」「回春マッサージ」は、エスティシャンまたはセラピストと呼ばれる女性が男性客に性感マッサージを行って、快楽と癒やしの時間を存分に楽しんでもらうサービスのこと。「回春エステ」のサービスは、店舗型・派遣型の2種類があるが、いずれも性風俗店として警察署に届け出をしていなければならない。料金は80分で1万5000円から2万円ぐらい。

日本の性風俗は百花繚乱《ひゃっかりょうらん》で、他国で類をみないほど豊富なジャンルが存在する。多様な風俗が存在する日本で、若い頃からさまざまな性風俗を経験してきた人であっても、最終的には「回春エステ」や「回春マッサージ」に落ち着くことになると言う。というのも、中高年になると、性風俗のサービスに快楽の要素だけでなく、癒やしの要素を求めるようになるからだ。

また、中高年になると、精力の減退を強く意識するようになるので、ファッションヘルスをはじめとする普通の性風俗店では、十分に快楽を味わうことができないという問題が出てくる。その点、「回春エステ」のメニューは、性欲を発散させるというよりは、失われた男性機能の回復に主眼を置いたサービスが多いので、精力の減退に悩む中高年男性であっても満足できるようになっている。

「回春エステ」はアロマオイルを使ったオイルマッサージを提供する普通のエステとは違って、セラピストの女性が男性客に「密着マッサージ」や「睾丸マッサージ」「前立腺マッサージ」を行う点に特徴がある。

このうち「前立腺マッサージ」は、セラピストの女性が男性客の肛門に指を挿入し、膀胱の真下に位置する前立腺を刺激するというもの。「前立腺マッサージ」は、もともとは医師が行う医療行為だが、回春マッサージの一環としても行われることが多い。

筆者の推計では、全国の**「回春エステ」「回春マッサージ」の市場規模は2015年で約100億円**に上る。

「回春エステ」「回春マッサージ」に似た性風俗のジャンルに「M性感」というものがある。これはSMプレイの一種。最近では、中高年男性を中心に鞭やローソクを使ったハードなSMプレイよりもソフトなSMプレイを好む男性が増えており、それを反映するようなかたちで「M性感」が人気となっているのだ。

「M性感」は性感ヘルスとSMクラブの中間に位置する風俗のジャンルで、客はプチSMプレイ（客がMになる）を楽しむことができる。

「M性感」では、女性は基本的に服を脱がない。言葉攻めなどのプレイが中心になる。「M性感」で人気のサービスが「ドライオーガズム（無射精絶頂）」。男性の前立腺を長く刺激することで、射精をしなくても女性と同様のオーガズムを得られるというもの。

東京都内だけでも30軒を超える「M性感」専門店が出店している。料金は1時間で2万円程度。

筆者の推計では、全国の「M性感」の市場規模は2015年で約90億円に上る。前述の「回春エステ」と「M性感」を合わせると、年間の市場規模は約190億円にも達する。

浄化作戦で消滅した神奈川の「ちょんの間」

読者のみなさんは「ちょんの間」をご存知だろうか。「ちょんの間」というのは、かつての赤線・青線地帯（＝売春が行われていた地域）にあった置屋（売春宿）が旅館や料亭などの体裁でそのまま残ったものだ。「ちょっとの間にコト（性行為）をする」というのが「ちょんの間」の語源とされる。

神奈川県相模原市のたんぼ、横浜市の黄金町《こがね》、川崎市の堀ノ内、大阪市の飛田新地、松島新地などのスポットが有名である。

「ちょんの間」エリアのなかには、東南アジアや南米などの外国人女性が中心となっているところがいくつかある。たとえば、横浜市中区の黄金町の「ちょんの間」は、ほとんどがタイなどの東南アジア系の女性（大半が20代）によって占められていた。

夕刻になると、ずらりと並んだ置屋から外国人女性が出てきて、通りを歩く男性に声をかけてくる。かつて線路のガード下を中心に集積していた置屋は区画整理により立ち退きとなり、多くの置屋がその周辺部に移転した。

黄金町の「ちょんの間」は、戦後から80年代までひっそりと営業をしていたが、90年代に入って急激に膨張するようになった。90年代初めに100軒程度と言われていた置屋の数は2004年には250軒にまで増加したのである。

神奈川県警は、風営法が改正された85年やHIV感染の問題が深刻化した90年に大規模な取り締まりを行ったが、すぐに置屋は営業を再開して、警察と「ちょんの間」のイタチごっこが続いていた。

「ちょんの間」の料金は10～30分で1万円が決まった相場となっており、筆者のヒアリングによると、個人差があるものの1人の女の子がとれる客の数は1日平均5人程度。ひとつの置屋には2人の女の子がいるので、単純に計算すれば、黄金町の「ちょんの間」だけでも年間91・3億円（＝250軒×女の子2人×1万円×客数5人×365日）もの売上が計上されていたことになる。

しかし、05年頃から神奈川県警が徹底した取り締まりを実施するようになり、黄金町の「ちょんの間」は09年までに完全に消滅してしまった。置屋から外国人女性は姿を消し、今では街の灯りがほとんど消えて、さながらゴーストタウンのようになっている。

相模原市上鶴間《かみつるま》のたんぼはどうか。たんぼには、以前は80軒くらいの置屋が集積していた。黄金町と同様、中国や台湾、タイ、中南米出身の外国人女性が置屋で売春をしており、通りを歩く男性に「遊んでいかない?」と声をかけていた。料金は30分で1万〜1万5000円ほどだ。最盛期には、たんぼの「ちょんの間」は年間67・2億円ほどの市場規模があったとみられる。しかし、周辺地域の治安が悪化するなどさまざまな問題が出てきたことから、2000年代の初頭に警察による一斉摘発が行われ、2006年には完全に姿を消してしまった。

一方、川崎の堀之内では、主に中国、台湾、韓国出身の外国人女性が「ちょんの間」で売春をしていたが、06年4月頃から神奈川県警による摘発が相次ぐようになった。とくに、09年1月から7月にかけて大掛かりな一斉摘発が実施された。

堀之内の「ちょんの間」は02年には70軒あり、市場規模は年間約26億円に達していたとみられるが、現在はガラス越しに立って客を待つ不法滞在の外国人女性の姿は見られなくなった。外国人女性が消えた後、熟年の日本人女性が「ちょんの間」で売春するようになったともいわれるが、２０１６年末時点では「ちょんの間」の周辺は物音ひとつせずひっそりとしている。

堀之内の「ちょんの間」摘発により、神奈川県内にあった「ちょんの間」はほぼ消滅したとみられる。

神奈川県全体でとらえると、県内の「ちょんの間」の消滅に伴い年間184・5億円（=黄金町91・3億円+たんぼ67・2億円+堀之内26億円）**の経済損失**が発生したという。

料亭の体裁でごまかす飛田新地の「ちょんの間」

このように神奈川県の「ちょんの間」が街の浄化作戦によって姿を消す一方、大阪の「ちょんの間」は今なお健在だ。

大阪では、1990年4月〜9月、大阪市の鶴見緑地で「国際花と緑の博覧会（花博）」が開催された。この「花博」開催に合わせて「ソープランド街を外国人に見られたら恥ずかしい。街を浄化しよう！」という機運が高まり、大阪府は新たに条例を制定して、新規出店を許可しないなど、ソープランドへの規制を強化するようになった。また、大阪府警の摘発によって、それまで営業していたソープランドは相次いで廃業もしくはファッションヘルスなどへの業態転換を余儀なくされた。結局、日本橋、難波、梅田など大阪に60数軒あったソープランドは、92年頃までにすべて閉店に追い込まれたのである。

その代わりと言ってはなんだが、売買春の場として「特殊浴場（ソープランド）」ではない「ちょんの間」が残った。

大阪にはいくつかの「ちょんの間」集積地があるが、一番有名なのは大阪市西成区山王三丁目にある飛田新地だろう。飛田新地には現在160軒ほどの「ちょんの間」がある。1958年の「売春防止法」の完全施行以降、「売春防止法」にひっかかることのないようオモテ向きはどの店も料亭という体裁をとっており、「飛田料理組合」

が取り仕切っている。

料亭側が用意したストーリーは次のとおりだ。すなわち、料亭の2階で従業員の女の子と2人でお酒を飲んでいた男性客がいつの間にか恋愛するようになり、そのまま勢いにまかせて肉体関係を結んでしまった。店は料理を提供しているだけで、男女の自由恋愛にはノータッチだ。こういった理屈で、「売春防止法」による摘発を免れている。

料亭はすべて玄関の戸が開いた状態で、サービスを提供する女性従業員と仲介役のおばさんが玄関の上がり框《かまち》にちょこんと座っている。お客さんは、それを見ながら、気に入った女性従業員のいる店に上がっていくというスタイルになっている。女の子と遊ぶ料金は30分で2万1000円ぐらいだ。筆者の推計では、**飛田新地の「ちょんの間」の市場規模は年間82億円程度**とみられる。

もうひとつ、大阪市九条にある松島新地も「ちょんの間」の集積地として有名だ。現在、松島新地には104軒の「ちょんの間」があり、『松島料理組合』が取り仕切っている。料金は飛田新地より少し下がって30分で1万5000円ほどだ。1日平均7人の客が訪れ、1店あたり平均10万円ほどの売上があるという。これらのデータから推計すると、**松島新地の「ちょんの間」の市場規模は年間38億円ぐらい**になる。

さらに、大阪市今里の今里新地にも「ちょんの間」の集積地があり、飛田・松島・今里はまとめて「三大新地」と呼ばれることがある。

今里新地にある「ちょんの間」の料金は30分で1万3000円ぐらいだ。飛田新地や松島新地の料亭と異なり、女の子が玄関の上がり框に座っておらず、料亭の玄関に立っている仲介役のおばさんに女性を連れて来てもらうシステムになっている。男性客には、自分の好みの女性のタイプを伝えるコミュニケーション能力が求められる。きちんと自分の好みを伝えることができれば、仲介役のおばさんがぴったりの女の子を紹介してくれるそうだ。

たとえば、「できるだけ若くて胸の大きい女の子がいいのですが……」と伝えると、「今いける子ならEカップで21歳の子がいるけど、どう?」などと返ってくる。

そのほか規模は小さくなるが、信太山《しのだやま》新地や滝井新地も「ちょんの間」の集積地として知られている。和泉市にある信太山新地の「ちょんの間」は値段の安さに定評がある。1回あたり7500円が平均的な相場だ（ただし、遊べる時間は15分と短い）。守口市の滝井新地は他の新地に比べて規模が小さく「ちょんの間」の数は10軒に満たない。

飛田、松島、今里の「三大新地」に、信太山と滝井を加えて「五大新地」と呼ぶ場合もある。

JKリフレ、JKお散歩…形態を変えて進化する「JKビジネス」

「JKビジネス」が社会問題化している。耳慣れない方もいるかと思うが、**「JKビジネス」というのは、女子高生が男性客に接客サービスを提供するビジネスのこと**だ。JKは女子高生（Joshi Kōsei）の略語である。

警視庁は「JKビジネスとは女子高校生等であることを売りにして、見知らぬ男性と会話や占い、ゲームなどをする、飲食しながら会話やゲームをする、散歩をする、個室でマッサージや添い寝をするなどしてお金をもらう仕事」と定義している。

2013年頃から世間一般に広く知られるようになった言葉で、2014年には、ユーキャン「新語・流行語大賞」にもノミネートされた。

「JKビジネス」の始まりは、06年頃、東京の秋葉原に登場した「JKリフレ」だったと言われる。「JKリフレ」というのは、従業員の女子高生が、個室で手や足裏マッサージなどの簡易マッサージを提供するビジネス。「リフレ」はリフレクソロジーの略語である。30分4000円、指名料1000円といった料金体系になっている。「JKリフレ」は女子高生との会話を楽しみながらマッサージを受けられるということで30代から50代の男性客の間で大人気となり、需要が急速に拡大していった。「JKリフレ」は秋葉原だけでなく、新宿や池袋、渋谷などにも広がっていった。

ただ、一部の「JKリフレ」では、男性客からの誘いを断り切れず、女子高生が男性客に性的なサービスまで提供するようになり、これが社会問題化するようになった。客のことをうっとうしいと思いながらも、お金を稼ぐために、自らの意思で性的なサービスを提供する女子高生もいた。こうした性的なサービスは、店のメニューにはないことから「裏オプション（裏オプ）」と呼ばれる。

「JKリフレ」は風営法の「性風俗特殊営業」には該当しないため、風営法違反で店を摘発することはできない。そこで、警視庁は18歳未満の未成年による個室でのマッサージを、性的興奮を与える有害業務と位置づけて、**2013年、「労働基準法違反」によって「JKリフレ」の店を一斉摘発**した。この一斉摘発を契機に「JKリフレ」ブームは終焉を迎え、東京都内に80軒ほどあった「JKリフレ」の多くが姿を消すことになった。

しかし、**「JKリフレ」ブームが終わっても、「JKビジネス」は形態を変えて進化**を続けていった。新たに「JK見学クラブ」や「JK作業所」「JK撮影会」「JKお散歩」といった「JKビジネス」が登場するようになったのだ。

まず「JK見学クラブ」は、女子高生がマジックミラー越しに下着を見せる新型の「のぞき部屋」である。料金は30分3000円程度となっているが、気に入った女の子がいれば追加料金を払って指名し、目の前でスカートの中をのぞかせてもらうこともできる。この「JK見学クラブ」でも、一部で過激な性的サービスの提供がなされていたため、警察はやはり**労働基準法違反（危険有害業務への就業）の容疑で「JK見学クラブ」を相次いで摘発**するようになった。

女子高生が折り鶴を折る「JK作業所」とは？

「JK作業所」は「JK見学クラブ」を応用したビジネス。女子高生に下着が見えるような格好をさせたうえで、女子高生が折り鶴を折ったり、ビーズでアクセサリーをつくったりと、なんらかの作業をしているところを、マジックミラー越しに男性客に見せるというもの。料金は40分5000円ぐらい。**こちらも労働基準法違反（危険有害業務への就業）での摘発が相次いだ。**

2015年5月に摘発された池袋の「JK作業所」では、裏オプションで「女子高生とのラップ越しのキス」や「女子高生の足の臭いかぎ」も用意されていたという。

「JK撮影会」も「JK見学クラブ」を応用したビジネス。女子高生にみだらなポーズをとらせて、男性客に写真撮影をさせるというもの。もちろん、これも労働基準法違反（危険有害業務への就業）などで摘発された。

一方、「JKお散歩」というのは、お店の従業員である女子高生が、男性客とカラオケやレストラン、遊園地でデートするサービスだ。料金は30分5000円で、1時間だと8000円ぐらいに設定されている。記念写真撮影は1000円、手をつなぐのは1500円といったオプション料金もある。

この「JKお散歩」も、裏オプションで、待ち合わせ場所で出会い、そのまま完全個室のネットカフェやラブホテルに行く流れになっていることが多かった。「JKお散歩」が児童売春の温床になっていたことから、東京都千代田区は2014年4月、「JKお散歩」の客引き行為を禁止する条例を制定した。

さらに「JKコミュ」というビジネスも登場した。「JKコミュ」は、室内で女子高生と会話できるなどの交流サービスを提供するビジネスのこと。

しかし、「JKコミュ」も裏オプションで女子高生に密着する、女子高生のにおいを嗅ぐといった性的なサービスが用意されていることが多い。2014年10月には、店内の個室で男性客に女子高生の体臭を嗅がせるなどのサービスを提供していた**「JKコミュ」の経営者が労働基準法違反（危険有害業務の就業制限）の容疑で逮捕**された。「JKコミュ」の一種で「JK相席屋」というビジネスもある。

「ＪＫ相席屋」は男性客が個室内で女子高生と相席をして、会話したり食事をしたりすることを売りにしたビジネスのこと。「ＪＫリフレ」では女子高生を雇用することができないので、相席屋と似た形態をとることで、女の子と雇用関係を結ばずに、客に女子高生によるサービスを提供する。こちらも裏オプションで女子高生による性的サービスの提供がある。２０１６年６月に、**新宿・歌舞伎町にあった「ＪＫ相席屋」が風営法違反により摘発されたのをきっかけに、都内の「ＪＫ相席屋」は全滅**したと言われる。風営法違反が適用されたのは「ＪＫ相席屋」が男性客に女性を紹介する出会い喫茶とみなされたからだ。

「ＪＫビジネス」の市場規模は年間799・3億円

２０１６年に「ＪＫビジネス」の最新形態として登場したのが「ＪＫ占い」だ。これは、オモテ向きは、女子高生が占い師となって、男性客の運勢を占ってくれるサービス。しかし、その実態は、占いの形態を取ることで女子高生と男性客のプライベートな空間を提供し、裏オプション付きの「JKビジネス」を展開するというもの。

ある「JK占い」の店の看板には、「1級占い師（16歳〜18歳）の指名料は2000円」「2級占い師（18歳以上）の指名料は1000円」などと書かれていた。指名料が占いの技術ではなく、年齢で決まっているところがすでに怪しさ満点となっている。「JK占い」も、いずれ風営法違反で摘発される可能性が高い。

このように「JKビジネス」は雨後《うご》の筍《たけのこ》のように登場しており、警察当局と「JKビジネス」経営者のイタチごっこが続いている。

では、どれぐらいの女子高生が「JKビジネス」に参加しているのだろうか。

警視庁が2016年5月に発表した『いわゆるJKビジネスにおける犯罪防止対策の在り方に関する報告書』によると、都内女子高生の9％が「実際にJKビジネスで働いている子を見たり聞いたりしたことがある」と回答している。

調査対象者に直接JKビジネスをしているかどうかを尋ねる方法では事実を隠す傾向があり、このような間接的な質問形式になっている。そのため、かなり強い仮定にはなるが、見たり聞いたりしたJKビジネスに参加している女子高校生は、ヒアリング対象者1人につき1人で、なおかつその女子高校生は他のヒアリング対象者が見たり聞いたりした人と重複しないという前提で試算をする。

文部科学省の『学校基本調査』によると、2016年度における都内の女子高校生徒数は16万2203人なので、1万4598人（＝16万2203人×9％）の都内の女子高生が「JKビジネス」に参加している計算になる。

なお、警視庁の調査では、2016年1月時点で「JKビジネス」を手掛ける店が東京都内で174軒確認されているが、この数字には無店舗型などは含まれておらず、実際の「JKビジネス」の業者はもっと多いと考えられる。仮に1万4598人の都内女子高生が「JKビジネス」に参加しているのであれば、1軒あたりの女子高生の在籍数が35人ぐらいと言われるので、「JKビジネス」を手掛ける店の数は417軒（＝「JKビジネス」に参加する都内女子高生1万4598人÷1店あたりの女子高生在籍数35人）に上るとみられる。

政策当局がいくら「JKビジネス」への規制を強めても、「JKビジネス」を求めるロリコンの男性客と「JKビジネス」に自主的に参加する女子高生がいる限り、需要と供給をマッチングさせる「JKビジネス」が消滅することはないだろう。「JKビジネス」は、規制当局の目の届かない闇の世界へと潜っていくだけだ。

最後に、日本の「JKビジネス」の市場規模はどれぐらいになるのだろうか。いくつかの前提を置いて試算してみよう。まず、警視庁の『いわゆるJKビジネスにおける犯罪防止対策の在り方に関する報告書』のアンケート調査をもとに、「JKビジネス」に関わっている都内女子高生の数を1万4598人とする。

また、ヒアリング調査によると「JKビジネス」に参加する女子高生は、正規の料金で1人あたり1日2万円、裏オプションで1人あたり1日3万円ぐらいを稼いでいる（合計5万円）。このうち正規料金は店と折半、裏オプションはまるまる本人の収入となる。さらに、女子高生の出勤率は3割程度だ。

以上から、「JKビジネス」に参加する女子高生1万4598人×1日の収入5万円（正規料金＋裏オプション）×出勤率3割×営業日数365日＝**799・3億円が、2016年における東京都内の「JKビジネス」の市場規模**ということになる。

女子高生側と店側に分けて市場規模をみると、それぞれどれぐらいになるのか。女子高生は、正規料金の半分（1万円）と裏オプションの料金（3万円）で1日あたり4万円を受け取る。一方、店側は正規料金（2万円）の半分で女子高生1人につき1日あたり1万円を受け取る。女子高生側と店側の配分が4：1になっているわけだから、799・3億円のうち女子高生の取り分は639・4億円、店の取り分は155・9億円になる。

今から20年ほど前の96年には、女子中高生がセックスと引き換えに男性客からお金をもらう「援助交際」が流行した。

筆者の推計では、96年の「援助交際」の市場規模が下限420・9億円～上限547・2億円だったので、**現在の「JKビジネス」（799・3億円）はすでに20年前に流行った「援助交際」をしのぐ巨大マーケットを形成している**ということだ。

遊ぶお金欲しさに「JKビジネス」に足を踏み入れる女子高生

ところで、家庭生活や学校生活に何の不満もないごく普通の少女たちが「JKビジネス」の世界に足を踏み入れてしまうのはなぜだろうか。

株式会社ステップ総合研究所が、都内の女子高校生に意識調査を実施したところ（2016年3月）、全体の6割が「JKビジネス」について「自分の今や将来のことを考えたら、やってはいけない仕事だ」と考えていることがわかった。また、5割前後が「風俗」や「危険ドラッグ」などの世界につながっていくかもしれないと考えていた。

一方、警視庁が、摘発した「JKビジネス」の店舗で働いていた女子高生78人に、「JKビジネス」で働くきっかけを尋ねたところ（2016年3月）、「お金が欲しかった」「友人の誘い」といった回答が多く、継続して働き続けた理由も「お金が欲しかった」が最も多いという結果になった。

これらの調査結果から、多くの女子高生が「JKビジネス」で働いてはいけないという認識をもってはいるものの、仲のいい友達からの誘いという安心感や手っ取り早くお金が稼げるという安易な思考で「JKビジネス」に足を踏み入れていると考えられる。

もちろん、やむを得ない事情から仕方なしに「ＪＫビジネス」で働くようになった女子高生もいる。

男女共同参画会議（女性に対する暴力に関する専門調査会）が民間団体（Colabo 及び bond Project）などからヒアリングした結果を見ると、「親が離婚をした」「親が働いていない」など経済的な困難を抱えて、生活費や学費を稼ぐために仕方なく「ＪＫビジネス」に足を踏み入れるといったケースもあるという。

ただ、全体としてみれば、遊ぶお金欲しさで「ＪＫビジネス」に参加する少女が多数派を占めていると言える。

警視庁が２０１６年６月と７月に摘発した「ＪＫビジネス」の店舗で働いていた15歳〜17歳の少女42人にヒアリング調査をしたところ、働く目的について（複数回答可）、コンサートチケット代など「遊興費」を挙げた少女が60％、洋服や化粧品など「物品購入」を挙げた少女が45％に上った。「生活費」を挙げた少女は14％に過ぎなかった。

また見知らぬ客との性行為（裏オプション）について29％が「場合によってはやむを得ない」と回答していた。その理由の大半は「お金がもらえる」だった。

第3章

貧困ビジネスと地下経済

シェアハウスブームの裏で横行する「脱法ハウス」

第3章では、「貧困ビジネス」を地下経済との関わりでみていこう。

「貧困ビジネス」というのは、貧困層や低所得層をターゲットにして暴利をむさぼるビジネス全般を指す。「貧困ビジネス」の多くが地下経済に含まれ、暴力団の資金源になっている例もある。

住居関係で言えば、**当初は、敷金・礼金が無料のゼロゼロ物件が「貧困ビジネス」の温床に**なっていた。保証人が不要で敷金・礼金もなく、家賃も通常と変わらないゼロゼロ物件は非正社員など低収入で働く若者たちにとっては魅力的な物件と言えるが、ゼロゼロ物件の中には、家賃の支払いがわずか1日遅れただけで、大家や不動産管理会社、家賃保証会社から高額の違約金をとられるケースがあり、これが「貧困ビジネス」として問題視された。

近年では、「脱法ハウス（違法貸しルーム）」が、新たな「貧困ビジネス」の温床に

なっている。「脱法ハウス」というのは、レンタルオフィスやレンタル倉庫として届け出をしているものの、実態は2～3畳に仕切られた手狭なスペースに人が居住している共同住宅のことだ。

窓や防火器具がなく、避難路も確保されていない施設が多いが、「共同住宅ではない」という建前にして、消防・建築法令を巧みに免れている。

近年、若い世代を中心に、他人同士がひとつの家に集まって住む「シェアハウス」が人気となっているが、**シェアハウスの中には、こうした「脱法ハウス」も多数含まれているとみられる。**

「脱法ハウス」が社会問題として大きくクローズアップされるきっかけとなったのが、2012年、インターネットカフェ大手の「マンボー」が運営するシェアハウスで消防法違反の事実が発覚した事件である。

「マンボー」は2011年頃からシェアハウスの事業を手掛けるようになったが、同社は表向き、これをシェアハウスではなく「24時間利用可能なレンタルオフィス」という名目にしていた。

2012年7月、東京消防庁は、「マンボー」が手掛ける東京都中野区のシェアハウス（木造2階建てで延べ床面積約250平方メートル、37の個室）について、居住実態があることなどから共同住宅と認定したうえ、自動火災報知器などが設置されていないとして、消防法違反で改善を求める警告書を出した。そのほかにも、このシェアハウスの個室は、東京都建築安全条例が定める最低居室面積（7平方メートル、約4・3畳）をはるかに下回る約1・7畳の広さしかないなど、さまざまな面で問題を抱えていたという。

その後、「マンボー」のシェアハウス以外にも同様の「脱法ハウス」が多数あることが明らかになっていく。2013年7月に「国民の住まいを守る全国連絡会（住まい連）」が発表した資料によると、「脱法ハウス」の疑いのある物件が東京都内（9区1市）だけで少なくとも96棟あることが判明した。96棟の内訳は、マンション等が38棟、戸建住宅が37棟、事務所ビルが21棟となっている。居室の数は合計1100室に上り、入居者は満室時で約2000人になるという。

また、国土交通省によると、2016年8月31日時点で、「脱法ハウス」の疑いの

図表3-1　「脱法ハウス」の実態

調査時点	2016年8月31日	2016年2月29日
調査対象物件数	2,004	2,006
調査中の物件数	257	324
建築基準法違反が判明した物件数	1,421	1,375
是正指導を行った物件数	1,411	1,361
是正指導中の物件数	1,228	1,211
是正計画が提出された物件数	271	248
一部是正済みの物件数	132	138
是正済みの物件数	183	150
建築基準法違反なしの物件数	117	94
その他	209	213

出所：国土交通省「違法貸しルームの是正指導等の状況について」

ある物件は全国で２００４棟に上った（これは国内のシェアハウスの約8割に相当する）（図表３－１を参照）。このうち、調査によって建築基準法違反が判明した物件は１４２１棟に上る。調査中の物件は２５７棟だ。

その一方、調査の結果、建築基準法違反がなかった物件はわずかに１１７棟にとどまった。

「脱法ハウス」の疑いがある調査対象物件２００４棟のうち東京都が１５２７棟と圧倒的多数を占めており（全体の約76%）、東京に「脱法ハウス」が集中していることがわかる。東京都内では新宿区と世田谷区に「脱法ハウス」が多いことも判明している。

法令違反を指摘された「脱法ハウス」は閉鎖され、そこに住んでいた入居者は退去させられるが、「脱法ハウス」の入居者は低所得層で、敷金・礼金、保証人を用意できないケースが多く、その場合、低所得層の住む場所がなくなるといった問題も出てくる。

政策当局にとっては、「脱法ハウス」が閉鎖になった場合のことを考えて、入居者に対して一時的な住まいとして公共の施設を提供したり、新たな住まいを借りるための敷金や礼金などの費用を無利子で貸し出すといった過渡的なセーフティネットの整備が必要になってくるだろう。

生活保護費をピンハネする無料定額宿泊所

最近、**社会問題化している「貧困ビジネス」のひとつが、無料低額宿泊所**（生活困窮者に無料もしくは低額で提供される簡易住宅や宿泊施設）**による生活保護費のピンハネ**である。

ホームレスなどの生活困窮者は、野宿などをしていて住所不定のため、行政に対して生活保護の受給を申請しても、行政側から生活保護の対象として認定されにくいという問題がある。

ホームレスが生活保護を受けづらいという状況に目をつけた心無い個人や団体は、善意のボランティアを装って、ホームレスに声をかけ、アパートの部屋や食事などを提供してやる。住所が決まって生活が落ち着いたところで、ホームレスに生活保護を申請させる。無事、行政側の審査が通って福祉事務所から保護費が支給されるようになると、保護費の大半を、住居を提供した個人や団体がピンハネしてしまうのだ。

もちろん、すべての無料低額宿泊所がこのような「貧困ビジネス」に手を染めているわけではないが、**無料低額宿泊所に悪質業者が多く紛れ込んでいることは間違いのない事実**である。

無料低額宿泊所に悪質業者が多く参入するのは、無料低額宿泊所の法的な位置づけが、白黒がはっきりしない「グレーゾーン」になっているからにほかならない。

本来、無料低額宿泊所は、社会福祉法に基づく届け出制の施設なのだが、無届けでも処罰されることがないため、無届け業者はかなりの数に上る。厚生労働省の調査によると、2010年の時点で全国1802の施設のうち、1314施設が無届けであった。

家賃についても規定があいまいになっており、03年に設けられたガイドラインでは単に「無料または低額」と規定されているにすぎない。実際の家賃の設定は事業者の判断にゆだねられている。家賃は低めに設定しておきながら、それに「管理費」や「運営費」を上乗せすることで、実態としては相当に割高な家賃になっているケースもある。

このように**無料低額宿泊所が法的に「グレーゾーン」のままになっていることが、悪質業者の参入を招いている**側面がある。

では、「貧困ビジネス」に手を染める無料低額宿泊所の実態はどうなっているのか。2014年10月、さいたま市などで無料低額宿泊所を運営していた男が所得税法違反の容疑で逮捕された。この男は2009〜2010年の2年間で約1億6996万円を荒稼ぎしたにもかかわらず、所得を316万円と申告し、所得税6183万円の支払いを免れていた。

この男の運営していた施設の実態が明らかとなっており、これをみれば、入居していた人がいかに劣悪な居住環境に置かれていたかがわかる。

ある男性は、今回摘発された事業者が運営するさいたま市内の住宅街にある一戸建ての無料低額宿泊所に入居した。この男性はベニヤ板で3畳のスペースに仕切られた6畳一間の部屋に住まわされたという。出てくる食事はカップ麺やレトルトばかりであったと証言している。家賃が4万7000円、食費・光熱費が約6万円、入居者には生活費として毎日500円と月に1度5000円が渡されるだけだった。

生活保護費の支給日になると、入居者は車で最寄りの福祉事務所に連れて行かれ、約12万円の生活保護費を受け取る。その後、今度はコンビニエンスストアに連れて行かれ、生活保護費が入った袋ごと事業者に回収されていた。

こうした状況下、政府は2015年度から生活保護費のうち家賃に相当する住宅扶助の上限額を引き下げることを決定した。「貧困ビジネス」のうまみをなくすことが狙いだ。

「貧困ビジネス」に手を染める無料低額宿泊所は、利益を最大にするため、ひとつの部屋に複数人を押し込むなど劣悪な居住環境にしたうえ、住宅扶助の上限額に近い高めの家賃を設定することが多い。

実際、厚生労働省が2014年8月に実施した、生活保護受給世帯の居住環境についての調査結果によると、調査対象となった無料低額宿泊所の73％が住宅扶助の上限を超える家賃（家賃÷住宅扶助の上限≧1・0）を設定していた。しかも、無料低額宿泊所の平均的な床面積は9平方メートルと、平均的な民営借家（30平方メートル）に比べて極端に狭い間取りとなっていた。

住宅扶助の上限額を引き下げれば、施設運営業者の採算が悪化することになり、最終的には無料低額宿泊所の事業から排除できるという理屈だ。

ただし、住宅扶助の上限を引き下げると、（撤退する事業者が増えることで）無料低額宿泊所が不足気味となり、生活困窮者が住居を確保することがますます困難になるという本末転倒な結果を招く恐れもある。

やはり、無料低額宿泊所による「貧困ビジネス」の横行に歯止めをかけるには、届け出を義務付けるなど無料低額宿泊所に対する法的な規制を整備・強化し、きちんと行政の管理下に置くことが先決なのではないか。

メルカリに貧困ビジネスがはびこるワケ

最近では、**スマートフォンを使って個人間で商品の売り買いを楽しめるフリマ（フリーマーケット）アプリが、新たな「貧困ビジネス」の場として悪用されるよ**うになっている。

記憶に新しい読者も多いと思うが、２０１７年４月、フリマアプリ最大手の「メルカリ」で、現金が出品され、実際にその現金が売買されるという実態が、ネットのニュースなどで取り上げられて話題になった。

古いコインがコレクション用として出品されるということなら理解できるが、現在流通している紙幣が出品されるというのはちょっと意味不明だ。現金を売買することにいったいどういう意味があるのだろうか。

たとえば、1万円札4枚が、額面を大きく上回る4万7300円で売りに出された例がいくつかみられ、その中には「SOLD」と表示されているものもあった。つまり、実際に購入する人がいたということだ。そのほか、1万円札5枚が5万9500円の価格で、1万円札20枚が24万円という価格で出品されたケースもある。

なぜ、現金を額面以上の金額で購入する人が出てくるのか。これについては、クレジットカードの現金化を狙ったものという説が有力だ。

じつは「メルカリ」の場合、出品された商品をすべてクレジットカードで購入できるようになっており、**何らかの理由で金策に追いつめられた人が、クレジットカードを使って現金を購入している可能性が高い。**

ご承知のとおり、クレジットカードには、買い物をするための「ショッピング枠」とお金を借りるための「キャッシング枠」という2つの機能がついている。このうち「キャッシング枠」は金額の上限がかなり低めに設定されているが、「ショッピング枠」のほうは金額の上限が高めに設定されている。

そこで、すでに**クレジットカードの「キャッシング枠」で上限までお金を借りてし**

まって、「ショッピング枠」しか残っていない人たちが、「メルカリ」で現金を商品の扱いで購入していると考えられる。

クレジットカードの「ショッピング枠」でリボルビング払いを選択すれば、分割支払いで大量の現金が手に入るというわけだ。購入するのは借金の返済で困っている多重債務者など、ただちに現金が必要な人たちになる。

現金の出品者のほうも、お金に困っている人のニーズをよく分かっていて、15%から20%ぐらいの利益を上乗せして、現金を出品しているというわけだ。よくよく考えると、15%から20%の高利でお金を貸し出していることと同じになるわけで、これは、生活困窮者を狙った「貧困ビジネス」の一種（闇金融）と言っても過言ではないだろう。

その後、「メルカリ」だけでなくオークションサイト最大手の「ヤフオク！」でも現金の出品が確認されるようになった。

現金の売買が行われている実態を把握した「メルカリ」は、それが利用規約で禁止しているマネーロンダリング（資金洗浄）につながる可能性があるとの理由から、2

０１７年４月22日以降、銀行券・貨幣の出品を禁止すると発表した。「ヤフオク！」のほうも４月24日以降、現金の出品を禁止した。現在、両社とも現金の出品に対する監視体制を強化しているところだ。

しかし、**「メルカリ」が現金の出品を禁止すると、今度は、高額チャージ済みのＳｕｉｃａが大量出品されて問題に**なった。たとえば、６万円のＳｕｉｃａが６万５７００円で販売されるといった具合だ。高額チャージ済みのＳｕｉｃａの出品をメルカリが取り締まるようになると、今度は「旅行券」が額面以上の金額で出品されるようになった。クレジットカードの現金化について、まさにイタチごっこが続くような状態になっている。

ほかにも、１万円札でつくった折り紙の作品を「魚のオブジェ」と称して出品したり、パチンコの出玉と交換し、景品交換所で換金することが可能な「特殊景品」までもが出品されるようになった（現在は削除されている）。クレジットカードの現金化については、出品側と運営側でまさにイタチごっこが続くような状態になっている。

正社員をターゲットにしたブラック企業の貧困ビジネス

近年、いわゆる「ブラック企業」の被害に遭う若者が増加している。ブラック企業というのは、一見まともな会社に見えるが、その正体は正社員を徹底的に低賃金・長時間労働でこき使い、最後は身も心もボロボロになった社員をポイ捨てしてしまう恐ろしい会社のことだ。08年に『ブラック会社に勤めてるんだが、もう俺は限界かもしれない』という書籍が出版されて、この言葉が広がったと言われる。

ブラック企業では、社員が厳しい営業のノルマを課されたり、上司からパワハラを受けたり、あるいはサービス残業を強要されるなど、各種の労働法令に触れるような被害が日常茶飯事で発生する。**ブラック企業では、社員の残業時間が月80時間を超えることはザラで、休日や休憩もない。**「こいつは使えない!」と思われたら最後、上司や同僚が無視するようになり、しばらくして解雇が言い渡される。

では、ブラック企業はどれぐらい蔓延しているのだろうか。厚生労働省が2013

年9月に若者の使い捨てが疑われる事業所5111ヵ所を重点監督した結果、82%に相当する4189ヵ所で法令違反が見つかったという。新卒者が3年以内に会社を辞める割合は大卒で約3割と高水準となっているが、3年以内離職率の高さにはブラック企業の存在も少なからず影響していると考えられる。

今の日本でブラック企業が蔓延する理由は次のとおりだ。まず、世の中の大きな流れとして人件費削減を図る日本の企業が従業員の非正社員化を進めており、全体的に正社員の門戸が狭くなってきていることがある。

その一方、これから就職活動を始める若い人たちは「低賃金で雇用が不安定な非正社員にはなりたくない。どのような企業でもいいからとにかく正社員になりたい」という気持ちが強くなっている。正社員の就職戦線が買い手市場になっているので、正社員採用にこだわって実態のよくわからない企業に就職したらそれがブラック企業であったという若者が次から次に出てくるようになっているのだ。

ブラック企業は正社員の地位という甘い誘惑で若者を誘ってくる。世の中全体で非正社員の数が増えているため、正社員という地位がいっそう魅力的に見える構図になっている。

自分が入社した会社がブラック企業だとわかっても、「せっかく正社員になれたのに解雇されるのは嫌だ」「会社を辞めても今から転職するのは無理だ」という気持ちから、過酷な労働状況を我慢して受け入れてしまう若者も少なくない。**ブラック企業は正社員をターゲットにした「貧困ビジネス」ととらえることもできる。**

「ブラック企業」に対する不安や危機感が強まる中、厚生労働省の審議会は2015年1月に「若者雇用対策法案」をまとめ、2015年10月から「若年雇用促進法」として順次施行されている。「若年雇用促進法」の柱となるのは、ブラック企業対策だ。「若年雇用促進法」のうち、2016年3月1日から施行された「ハローワークでの求人不受理」というものがある。

これは、残業代の不払いや最低賃金を下回る低い給与、休暇不足などの違法行為で1年間に2回以上の是正指導を受けた企業を対象に、ハローワークで新卒求人の受理を断るというものだ。拒否する期間は少なくとも6ヵ月間になる。

これまでの法制度では、ハローワークは求人の申し込みはすべて受理しなければばならなかった。受理しないのは、求人内容に最低賃金を下回る給与や違法な労働条件などが書かれているケースに限られていた。

こうした対策は一定の効果を発揮するとみられるが、ハローワークによる求人拒否だけではブラック企業対策としては力不足だろう。

というのも、今回の「若者雇用促進法」では民間の就職紹介会社などは規制の対象外とされているからだ。厚生労働省のデータによると、2013年度の新規学卒者のうちハローワークを通じて就職をしたのは17・3%にとどまり、ほとんどは民間の職業紹介や広告などハローワーク以外のルートで就職している。ハローワークを通じて就職した新卒者が全体の2割弱という現状を踏まえると、ハローワークに対する規制だけではブラック企業はほとんど排除できない。

求人の受理を拒否するという規制を民間の就職紹介会社にまで広げたり、ハローワークの不受理を民間の就職紹介会社にも連絡する仕組みをつくるなど、もう一歩踏み込んだ対策をとらなければ、ブラック企業の罠にかかってしまう若者の数は減らないだろう。

ブラック企業の蔓延をなくすには、やはり根本的なところで、日本全体でみた従業員の非正社員化の波に歯止めをかける必要があるのではないか。

若者の希望すら奪ってしまう「労働マルチ」とは？

低賃金・長時間労働で社員をこき使う「ブラック企業」に似た概念として「労働マルチ」というものがある。

労働マルチとは、いったいなんだろうか。読者のみなさんは、最近、駅前などで、段ボールに入った野菜・果物を激安価格で売っている人を見たことがあるのではないか。あれは労働マルチである可能性が高い。

労働マルチに明確な定義が存在するわけではないが、会社から「一生懸命努力すれば、高収入や好待遇が得られる」との説明を受けて、果物や野菜、大福、お菓子、おもちゃ、カー用品などの訪問販売、飛び込み販売をするのだが、結果的に、会社にぼったくりといってもいいほど搾取されてしまう労働のことを指す。**労働マルチの被**

害者の多くは20代の若者である。

労働マルチを行う会社は、求人情報誌やウェブサイトで「何年か働けば独立して社長になれる」「月100万円稼ぐことも可能」「海外研修あり」「一緒に夢を追求しましょう！」など、若い人たちが将来に夢や希望を抱きやすいような美辞麗句の並んだ求人広告を出す。求人広告では「正社員」「アルバイト」を募集しているが、実際に採用されると「業務委託契約」になる。

若い人たちは高収入を夢見て入社するのだが、実際に働いてみると、信じられないような低賃金・長時間労働が待ち受けているのだ。毎月の労働時間が330時間を超え、月収が10万円以下というような人も少なくない。給料は固定給ではなく成果報酬のみになっており、販売した金額の20～30％というケースが多い。1日の売上が1万円でも、報酬はわずかに2000～3000円程度だ。成果報酬なので、商品を売ることができなければ、その日の報酬はゼロになってしまう。

しかも、野菜や果物など生鮮食品の訪問販売の場合、商品はその日の市場で売れ残ったものをタダ同然で仕入れているので、会社側の利益率は非常に高い。また、玩具や雑貨の訪問販売の場合、商品が売れ残ると、会社に損が出ないように自分で買い取りをさせられることも多い。

若者たちが汗水たらして獲得した売上金の多くが、実質的に何もしていない会社の上層部に吸い取られていくのだ。若者たちは、低賃金・長時間労働であっても、「いつかは独立して社長になれる」「いつかは月100万円を超える高収入を実現できる」と信じて働き続ける。しかし、長時間働いても稼げない状態が長く続くと、次第に若者たちの心身は蝕《むしば》まれ、希望は絶望へと変わっていく。

「労働マルチ」は、若者たちを経済的に搾取するのみならず、希望すら奪ってしまうという意味において、恐ろしい「貧困ビジネス」と言える。

延滞額796億円！　深刻化する「奨学金滞納問題」

奨学金制度を活用する大学生が増加している。奨学金の貸し付けを行う日本学生支援機構の発表によると、奨学金の貸与者数（無利子の第1種と利子が付く第2種の合計）は

04年度の約84万人から2016年度には約132万人へと1・6倍の規模に膨らんだ。大学生の2・6人に1人は日本学生支援機構の「奨学生」という計算になる。

なぜ奨学金制度の利用者は増えているのだろうか。この背景には教育費のインフレがある。たとえば、現在の国立大学の授業料は年間53万5800円で、90年度（33万9600円）に比べて1・6倍に上昇した。その一方、ビジネスパーソンの平均年収は97年度をピークとしてその後はデフレ傾向で推移しており、一般家庭にとって大学の学費が大きな負担となってきているのだ。

大学の学費が捻出できない場合、親の名義で子どもの学費を借りる教育ローンの制度もあるが、教育ローンは金利の負担が大きいため、学生本人が低金利もしくは無利子で借りることができる奨学金制度を活用するケースが増えている。

ただ、奨学金制度の活用拡大に伴って問題も出てきている。それが奨学金の返済滞納の問題だ。日本学生支援機構によると、**奨学金の延滞者数（延滞期間が3カ月以上の者）は2014年度末時点で17万3000人、その延滞額は796億円**にも上る。奨学金を返済せずに訴訟となるケースも増えている。

米国では、学生の教育ローンの延滞が深刻な社会問題となっている。学生が大学の授業料を払うために借りたローンの残高は、2014年6月末に1兆ドルを超え、クレジットカードの負債総額を上回った。米国で、卒業して社会人になる大学生の7割以上が教育ローンの負債を抱えており、その残高は平均で330万円程度になるとの試算もある。こうした学生の負債の増加は、将来、新築住宅を購入する際、住宅ローンの借入余力の低下を招く。また、負債を抱えた新社会人はクレジットカードの利用も制限される。学生ローンの拡大が、若い世代の住宅投資、個人消費の低迷という形で米国の経済成長の足を引っ張る可能性もある。

日本では米国ほど学生ローンの延滞問題は深刻化していないが、奨学金制度の活用がさらに広がっていけば、先行き米国と同様の問題に直面する可能性がある。

では、奨学金の延滞問題を解決するにはどうすればいいのか。米国の場合、奨学金の返還を延滞している人の割合を大学別に公表し、その数値が一定の割合を超えた大学は奨学金を利用できないという仕組みを導入した。日本学生支援機構も2016年度から同様の仕組みを導入するようになった。

米国ではそれなりに効果が出ているようだが副作用もある。この仕組みにすると、延滞率が大学の評価につながりやすくなるので、個別の大学が延滞率を下げるために、奨学金の必要性の高さにかかわらず、機械的に（将来の年収が低くなると予想される）成績が悪い学生を奨学金の対象から外す恐れが出てきてしまう。

まずは、奨学金制度を利用する学生に「借りたお金をきちんと返す」という意識を高めてもらうことが先決だろう。じつは、奨学金がローンの一種であることを知らない学生は結構な数に上る。日本学生支援機構のアンケートによると、延滞者のうち約3割が、奨学金に返済義務があることを知らなかったという。

奨学金制度は、バングラデシュのグラミン銀行（06年にノーベル平和賞を受賞）に代表される「マイクロファイナンス（MF）」と似たビジネスモデルとなっている。マイクロファイナンスとは、1日2ドル未満での生活を余儀なくされ、一般の銀行からはお金を借りることができない低所得層の人たちに小口の無担保融資をして、貧困からの脱却や自立を支援する金融サービスのこと。

マイクロファイナンスを運営する金融機関の多くは、貸し倒れ率を数％と驚異的な低さに抑えている。なぜ貸し倒れ率がこれほど低く抑えられているかといえば、顧客の返済意識が高まるようなビジネススキームを採用しているからだ。

すなわち、「借りたお金はきちんと返す」という基本原則を徹底し、顧客を5人1組などとして返済に連帯責任を負わせるようにする。連帯責任を負わせることで、自分がお金を返さないと周りの人にも迷惑がかかるという意識を高める効果がある。

奨学金制度について言えば、学生に「奨学生が卒業後に返還するお金が、次の世代の奨学金として使われる」という基本的な原理をしっかり説明して、理解してもらうだけでも、安易な延滞を防ぐ効果が期待できるのではないか。

高齢者を麻薬の「運び屋」に仕立て上げる貧困ビジネス

近年増加傾向にある「貧困ビジネス」が、生活に困っている高齢者をターゲットにして麻薬の「運び屋」に仕立て上げるというビジネスだ。

今から10年ほど前までは麻薬の密輸をする「運び屋」は、30代から40代が全体の7

割を占めていたが、「貧困ビジネス」によって「運び屋」が急速に高齢化している。

どのような手口になっているかといえば、まず、犯人グループはハローワーク周辺で、職探しをしている60代から70代の高齢者に声をかける。

「すみません。海外に行って荷物を受け取ってくるという仕事をしてくれませんか。とても簡単な仕事です。報酬ははずみますので」などと言葉巧みに仕事の話をもちかける。犯人グループのほうで航空券や宿泊施設を用意して、タイやマレーシア、トルコなどに渡航させ、「運び屋」として麻薬を運ばせるのだ。

この「貧困ビジネス」は、①60代や70代の高齢者が麻薬を運ぶということは常識的に考えてあり得ないので、通関の際の荷物検査率が低い、②不況で就職先が見つからず生活に困っている高齢者は報酬を出せばすぐに仕事を引き受けてくれる、ということを巧みに利用している。

実際にあった事件を紹介すると、たとえば、2010年には、東京都新宿区のハローワーク周辺で職探し中の高齢者（複数人）を誘って、覚せい剤の密輸の「運び屋」をさせていたとして、男性3人のグループが逮捕されるという事件が起こった（容疑は覚せい剤取締法違反）。

このグループは、声をかけた高齢者を喫茶店に連れ込んだうえ、「海外から書類を運ぶだけなので、心配はありません。お孫さんにお土産も買えますよ」などと説明して、高齢者を海外に渡航させていた。犯人グループから誘いを受けた高齢者は、職探しをしていたり、生活保護を受けていたり、あるいは多額の借金をしていたりと、生活が苦しい人ばかりだった。

報酬は日当が2万円で渡航日数分、またそれとは別に食事代が2万〜3万円、さらに航空券と宿泊代はすべて犯人グループが負担していたという。

高齢者は、覚せい剤が隠された土産品のカーペットやスーツケースを現地の外国人から受け取り、それを成田空港で犯人グループに渡していた。

マレーシアからスーツケースに隠した覚せい剤1・5キログラム（末端価格は約1億2000万円）を持ち込んだ高齢者を東京税関成田税関支署が逮捕した際、覚せい剤を受け取りにきていた犯人グループの1人も同時に逮捕され、生活に困っている高齢者を麻薬の「運び屋」にするという恐ろしい「貧困ビジネス」の実態が明らかになった。

このグループによって、麻薬の「運び屋」にされた高齢者は、70代の男女約10人に上るということだ。

また、2013年には、80代の高齢男性が、突然届いたメールをきっかけに覚せい剤の「運び屋」に仕立て上げられるという事件が発生した。

国連の調停官を名乗る人物から届いたメールには「あなたが投資したお金を取り戻すことができる。そのためにインドに行って手続きをしてほしい」と書かれていた。

じつはこの高齢男性は、海外の油田開発の投資に失敗して、約2億円の借金を抱えていたのだ。メールを読んだときには「こんなに虫のいい話があるはずがない」とまったく信じていなかったが、調停官を名乗る人物から渡航費や宿泊費として18万円が送金されてきたため、話の内容を信じてしまい、男性は同年9月に70代の知人男性とともにインドに向かった。

インドに到着すると、調停官の代わりに調停官の秘書を名乗る女性が現れて、「日本にいる調停官の家族に渡してほしい」と複数の反物《たんもの》を手渡される。男性2人はその反物を持って帰国した。関西国際空港で大阪税関の職員が反物の中を調べたところ、反物の芯から覚せい剤約5・9キログラム（末端価格約4億1300万円）が見つかった。税関のほうは、すでにこうした「貧困ビジネス」の実態を把握しているため、今後は、馴染みのない国への高齢者の一人旅は、厳重にチェックされるようになるとみられる。

「ぐるぐる病院」と貧困ビジネス

医療に関係した「貧困ビジネス」では、いわゆる「ぐるぐる病院」が社会問題化している。耳慣れない読者も多いかと思うが、**「ぐるぐる病院」というのは、生活保護受給者が短期間で頻繁に入退院を繰り返させられることを意味する言葉**だ。

より正確には、90日間に居宅に戻ることなく2回以上続けて転院がある医療扶助の患者のことを指し、こうした患者は専門用語で「短期頻回転院者《たんきひんかいてんいんしゃ》」と呼ばれる。

総務省が行った実態調査によると、2014年度に「短期頻回転院」があった医療扶助の患者数は全国で4057人にも上った。都道府県別にみて「短期頻回転院」が最も多かったのは大阪（1287人）で、全体の3割強を占めた。以下、福岡（378人）、東京（373人）、北海道（263人）と続く。

では、なぜ「ぐるぐる病院」が出てくるのだろうか。一番大きな理由は、患者の入院期間が長期化すると、診療報酬が下がって、病院の収入が減ってしまうという経済的な事情がある。このため、一部の病院がお互いに示し合わせて、診療報酬が下がる前に、生活保護受給者に転院を繰り返させるといったケースが出てくるのだ。

うがった見方をすれば、同じ病院で何度も入退院をしている生活保護受給者の患者がいれば、**病院が高額の医療費を狙って意図的に「ぐるぐる病院」を行っていると、とらえることもできる。**

一方、生活保護受給者の医療費は国からの医療扶助によって賄われるため、制度上、入退院を繰り返しても受給者にはいっさい負担が生じない仕組みになっている。

生活保護受給者の中には、1人暮らしの高齢者も含まれており、なかには、病院を退院すると、頼れる人がいないのでずっと病院に入院していたほうがいいと考える人もいるだろう。病院だけではなく、生活保護受給者の側にとっても「短期頻回転院」

のメリットが生じる場合があるということだ。

医療機関・生活保護受給者の双方に「モラルハザード（道徳的危険）」が発生して、結果として「短期頻回転院」がまかり通っているという実態がある。

ところで、「短期頻回転院者」の中には、２週間から１ヵ月という短期間で遠隔地の医療機関を転院するケースもあるという。

具体的な事例を挙げると、ある生活保護受給者は、６年11ヵ月間に16病院間で43回転院させられ、２０１２年度の医療扶助費が８２６万円に上っていたという。

また、別の生活保護受給者は、２０１０年６月から２０１３年７月までの３年２ヵ月の間に12病院間で34回転院させられ、２０１２年度の医療扶助費が７２４万円に上っていた。

一方、千葉県流山市で生活保護を受けているある男性患者は、１〜３ヵ月間ごとに千葉県内や群馬、栃木、埼玉県などの病院を転々とさせられ、５年間で累計20回以上も転院させられた。この男性は２０１４年９月、不要な転院の即時中止と退院などを求めて、生活保護機関である流山市を指導するよう国と千葉県に要望書を提出した。

このように「ぐるぐる病院」が社会問題化していることを受けて、また「ぐるぐる病院」によって生活保護費の約半分を占める医療扶助費が膨張していることを受けて、厚生労働省は、福祉事務所を通じて不適切な転院の監視を強化するようになっている。

「臓器売買」と貧困ビジネス

中国やインド、東南アジア諸国では臓器売買の闇ビジネスが横行している。 貧困層が苦しい生活から抜け出したい一心で、腎臓や肝臓など大切な体の一部をブローカー（仲介業者）に売り渡してしまうのだ。中国では、**「iPad2」購入のために腎臓を35万円で売った17歳の少年**の話もある。この少年はその後、重い腎不全を患うことになったという。

ブローカーは貧困層から買い取った各種の臓器を、移植が必要な先進国の富裕層に、買い値の10倍、場合によっては100倍以上の高値で売りさばいていく。

最近では、内戦状態にあるシリアからレバノンなど近隣諸国に流れ込んできたシリア難民が生きていくために臓器売買を行うケースが増えている。

では、人間の臓器は闇市場でどれぐらいの値段で売られているのだろうか。

各国の闇市場によって相場は変わってくるが、米国の場合、血液が約0・5リットルで337ドル（3万7070円）、脾臓《ひぞう》が508ドル（5万5880円）、頭皮が607ドル（6万6770円）、胆のうが1219ドル（13万4090円）、目が両目セットで1525ドル（約16万7750円）、冠状動脈が1525ドル（16万7750円）、肝臓が157万7000ドル（1727万円）、腎臓が26万2000ドル（2882万円）などとなっている。さらに、闇市場で臓器移植の手術を受けるには、執刀する医師に対しても別途100万円の報酬が必要になってくる。

恐ろしい臓器売買の闇ビジネスは、遠く離れた海外の話ではない。あまり耳にすることはないが、じつは、ここ日本でも臓器売買の闇ビジネスが人知れずに繰り広げられているのだ。

たとえば、2015年7月21日、腎臓を200万円の報酬で提供することを約束したとして、暴力団幹部（当時71歳）と提供者のホームレス（当時44歳）が、臓器移植法違反（売買の禁止）の容疑で、警視庁組織犯罪特別捜査隊に再逮捕された。

この暴力団幹部は、人工透析を受けていた知り合いの元暴力団組員の男（当時66歳）に生体腎移植手術を受けさせようと考えて、東京・池袋の公園などでホームレスに「腎臓は2つあるからひとつなくなっても大丈夫」と腎臓の提供を呼び掛けたという。

日本移植学会の倫理指針では、臓器の生体移植のドナーは親族（6親等以内の血族、3親等以内の姻族〈配偶者ならびに配偶者の3親等以内〉）に限定されている。このため、この暴力団幹部は、元暴力団組員とホームレスの養子縁組を偽装していた。

日本でひそかに行われている闇の臓器売買は、暴力団がホームレスや生活保護受給者に臓器提供の話を持ち掛けるといったパターンが多いが、これは「貧困ビジネス」と深い関係がある。

ホームレスや生活保護受給者に住む場所を提供するかわりに、生活保護費や年金を宿泊費や利用料の名目で搾取する「囲い屋」の「貧困ビジネス」を暴力団が手掛けていることがあり、そのルートを使って臓器提供の話を持ち掛けるのだ。

第4章

犯罪と地下経済

もはや斜陽産業となった暴力団

第4章では犯罪と地下経済の関係について詳しくみていこう。まずは、暴力団情勢から。社会から暴力団を徹底的に排除しようという気運が高まる中、**日本の暴力団勢力は全体として見れば斜陽産業（衰退産業）**となっている。

暴力団勢力の弱体化は数字にも如実に表れており、警察庁の統計データによると、暴力団勢力（構成員＋準構成員）は、2005年以降減少傾向で推移している（図表4－1を参照）。直近の2016年末時点の人数は3万9100人にとどまり、統計を取り始めた1958年以降では初となる4万人割れを記録した。

1992年に「暴力団対策法」が施行されて以降、暴力団勢力は徐々に縮小していたが、近年における暴力団勢力の顕著な縮小は、やはり「暴力団排除条例」施行の影響が大きい。

「暴力団排除条例」というのは、暴力団関係者の雇用や、金銭の貸し借り、事業契約

図表4-1　暴力団の構成員と準構成員の推移

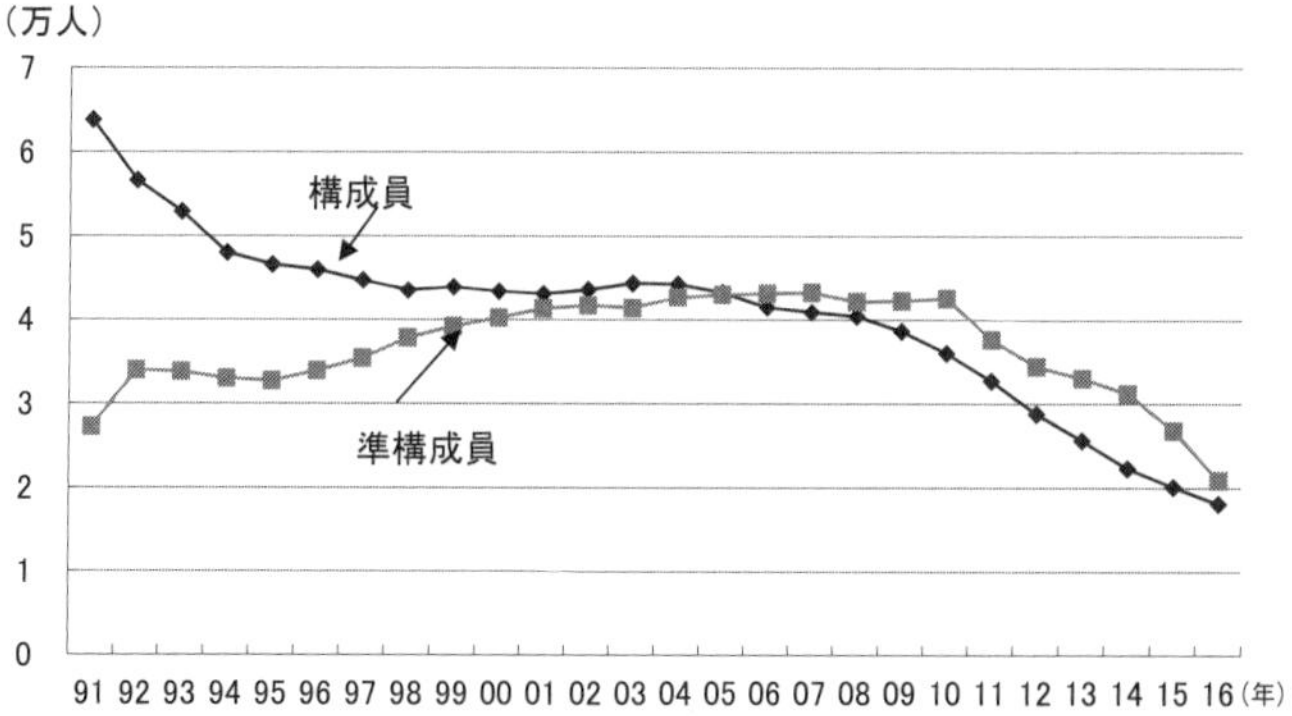

出所：警察庁資料より作成

など市民や企業から暴力団への利益供与を禁止した地方公共団体の条例である。2011年までに全都道府県で「暴力団排除条例」が施行される運びとなり、暴力団はそれまでに比べてシノギ（資金源）が厳しくなった。

従来、暴力団にとって重要なシノギのひとつが「みかじめ料（用心棒代）」であったのだが、条例が施行されてからは、繁華街の企業や飲食店などがみかじめ料を支払わないケースが多くなり、伝統的なシノギが枯渇するようになった。

筆者の推計によると、暴力団の非合法所得のうち、みかじめ料やノミ行為などの伝統的な資金源は90年には3875億円に上っていたが、2016年には1875億円と、2分の1ほどにまで縮小した。

警察当局が、みかじめ料徴収に対する監視を強化する中で、これまで秘密のベールに包まれていた暴力団によるみかじめ料徴収の実態も明らかになってきている。

たとえば、2017年6月、東京・銀座の飲食店からみかじめ料を脅し取ったとして、暴力団の組員8人が逮捕された事件についてみてみよう。

組員らの直接の逮捕容疑は、2013年4月から2017年4月までに銀座の飲食店の店長ら3人に対して、合計340万円を脅し取ったというもの。ある店が暴力団に支払っていたみかじめ料は毎月5万円程度であった。それとは別にお盆に2万円、暮れに3万円を要求されていた。現金の受け渡しだけではなく、おしぼりや、熊手、破魔矢《はまや》といった縁起物を高値で買わせるなど、ごく普通の商取引を装って間接的にみかじめ料を徴収することもあったようだ。

この暴力団組員らは、09年以降、銀座で営業する飲食店など40店舗から5000万円以上を集めていたことが判明した。みかじめ料を払わないと組員が店内で暴れるなどして、暴力団から報復を受けるかもしれず、そうした報復を恐れて、警察の捜査に協力していない店もある。このため、警察が把握しきれていない部分を含めると被害総額は累計で1億円を超える可能性もあるだろう。

このように「暴力団排除条例」が施行されて以降、みかじめ料の徴収は困難になっている。暴力団の仕事では生計を立てることができない組員も増加しており、暴力団の組員でいることのメリットが感じられずに組織から足を洗う組員も相次いでいる。

みかじめ料の徴収ができず、上部組織に納める「上納金（代紋代《だいもんだい》）」を調達できない組幹部も増えている。このため、ある暴力団組織は、組本体に納める上納金を一律半額に減額することを決めた。

最近では、**暴力団が表立ってみかじめ料を要求できなくなったため、半グレ集団を通じて飲食店からみかじめ料を徴収するといったケースも出てきている**ようだ。半グレ集団というのは、暴力団に属さず、不良行為や犯罪を繰り返す集団のこと。

代表的な半グレ集団としては、「怒羅権《ドラゴン》」「関東連合」「強者《つわもの》」などが知られている。半グレ集団には、暴対法や暴力団排除条例が適用されないため、半グレ集団を隠れ蓑にして暴力団がみかじめ料を徴収すると、警察が取り締まることが困難になる。20

17年9月、大阪府警は、半グレ集団が大阪・みなみでみかじめ料を要求している疑いがあるとして、実態調査に乗り出した。

覚せい剤の「密売ビジネス」に活路を見出す暴力団勢力

一部の暴力団勢力はみかじめ料に代わるシノギとして、覚せい剤を中心とした違法ドラッグの売買に手を染めるようになっている。

たとえば、警察庁のデータによると、営利目的で覚醒剤を扱ったとして摘発された暴力団勢力100人あたりの人数は07年の7・5人から2016年は12・8人と、過去10年間で大幅に増えた。

暴力団勢力が、覚せい剤の密売ビジネスに力を入れていることは、覚せい剤の末端価格の推移を見ても明らかである。

覚せい剤の末端価格は、近年、下落傾向となっており、警察庁のデータによると、09年の1グラムあたり約9万2000円から2016年には1グラムあたり6万40

00円の水準まで落ち込んだ。

覚せい剤の末端価格は、経済の基本原則である需要と供給のバランスによって決まるので、末端価格が下がっているということは、とりもなおさず覚せい剤が供給過剰になっていることを意味する。相当量の覚せい剤が国内に流れ込んできているということだ。

末端価格が6万4000円でも、覚せい剤の密売ビジネスでは十分な利益を上げることができる。というのも暴力団勢力による覚せい剤の仕入れ値は、1キログラムあたり800万円から900万円となっており、1グラムあたりでは8000円から9000円ぐらいにすぎない。今の世の中、仕入れ値の7倍から8倍の値段で売れる商品はそうそうないだろう。

では、覚せい剤はどのような地域から日本国内に入ってくるのか。財務省の資料から、押収された覚せい剤の仕出し地を見ると、**近年では、中国から入ってくる覚せい剤が圧倒的に多くなっている。**全国の税関が2016年に押収した密輸された覚せい剤のうち、中国からの押収量が約1049キログラムと押収量全体（1501キログラム）の70％を占めて、過去最大を記録した。**日本の暴力団と中国、台湾の密売組織が覚せい剤の闇取引を通じて、つながりを強めているとみられる。**

また、覚せい剤の密輸手法としては、「瀬取り《せど》」方式が増えている。「瀬取り」方式というのは、以下のような手法である。まず、中国など覚せい剤の仕出し地から、漁船などに覚せい剤を積み込んで出港する。漁船はあらかじめ定められた受け渡し地点（日本の近海）で、覚せい剤を洋上に流す。その際、覚せい剤の包みには衛星利用測位システム（ＧＰＳ）発信装置をつけたブイを取り付けておく。日本で覚せい剤を受け取る側は、ＧＰＳ発信装置の電波を探知しながら漁船で目標地点に向かい、覚せい剤の包みを回収、日本の小さな漁港に持ち帰って陸揚げする。

ところで、覚せい剤の密輸ビジネスに新規参入する暴力団勢力は少量を定期的に仕入れるのではなく、一度に大量に仕入れて、一気に売りさばく傾向がみられる。実際、近年の覚せい剤密輸の特徴として、密輸手口の大口化を挙げることができる。覚せい剤密輸で摘発された事件について、１件あたりの平均押収量を見ると、２０１６年は約14キログラムと、２０１５年に比べて２・８倍に膨らんだ。

覚せい剤の押収量や末端価格の動向から推計すると、暴力団の非合法所得のうち覚せい剤の密売ビジネスからの収入は、年間7302億～1兆6701億円に上るとみられる（2016年）。

年間8億円！「ぼったくり」被害が増加している背景とは？

男性が夜の繁華街で羽目を外して遊ぶ際には、ぼったくりの被害にくれぐれも注意してほしい。

2015年2月、51万円の高額料金を支払えなかった男性客を店で強制的に働かせたとして、東京都新宿区歌舞伎町にあるキャバクラ店の男性従業員5人が逮捕された（都ぼったくり防止条例違反容疑と労働基準法違反容疑）。

警視庁によると、2014年12月1日、男性客は客引きから「1時間4000円で遊べる」と言われて入店したのだが、実際には「40分2万円」「サービス料30％」などまったく異なる料金体系になっていた。

男性客が「こんな大金は払えない」と支払いを拒否すると、従業員らは男性客の腹をなぐったうえ、「うちで働いて返すしかねえんだよっ！」などと脅し、翌日2日の朝方まで13時間にわたって、男性客に店のトイレ掃除や客引きをさせたという。

このように最近、**全国の繁華街でいわゆる「ぼったくり」の被害に遭う人が増加傾向にある。**たとえば、国民生活センターのデータベースで「外食における価格・料金」についての相談件数を見ると、年々増加傾向にあることがわかる。09年度は61６件にとどまっていた相談件数は２０１５年度に９９３件まで増加した。

犯罪の暗数調査（被害の申告率）や１件あたりの被害金額（判明している事件の平均被害額）などをもとに**２０１５年度の年間の被害金額を推計すると、全国では約８億円に上った**とみられる。

ぼったくりをする業種は多様で、キャバクラのように風営法の許可が必要な店のほか、居酒屋などでも増えている。たとえば、２０１４年末には、新宿区歌舞伎町にある居酒屋が、席料などが高額で「ぼったくり」だとの批判をインターネット上で浴び、閉店に追い込まれている。

国民生活センターに寄せられた相談では、こんな被害も報告されている（2015年10月、大阪の会社員）。

「夜遅くに宿泊先ホテル近くの路上で呼び込まれ、バーに入った。2000円の飲み放題料金を現金で払い、お酒を1口飲んだところで意識が途絶えた。しばらくして店員に『もう閉店時間だから、帰ってほしい』と言われて店を追い出され、ホテルに戻った。意識がもうろうとして気分が悪く、おう吐もした。その週末、買い物の際にクレジットカードを使おうとしたら限度額超過で使えないと言われた。確認したら、このバーに行った日の夜中に2軒の店の利用料総額約20万円がこのカードで決済されていた」（国民生活センターの報道発表資料〈2016年3月18日〉より引用）。

ぼったくりは1990年代に被害が急増した。被害が多発する中、東京都は2000年に全国初の「ぼったくり防止条例」を制定。北海道や大阪、福岡など一部の道府県でも条例を施行するようになった。その後、条例の効果もあってぼったくり被害は沈静化していた。

では、なぜ最近になって再度ぼったくりの被害が増えてきたのか。背景のひとつに、飲食店の競争が激化していることがある。

飲食店の新規出店が増える一方、客の財布のヒモはまだ固く、需要と供給のバランスによって、全体的に客単価が下がっている。とくに2014年4月に消費税の税率が5%から8%にアップして以降、客単価の下がり方が顕著だ。

こうした状況下、**薄利多売でやっていけなくなった店が、一見の客をターゲットとしたぼったくりに手を染め、短期間で荒稼ぎしてすぐに店じまい**するケースが増えたと考えられる。

ぼったくり被害が増えているもうひとつの理由は、ぼったくり店が客引きを巧妙に活用していることだ。東京都のぼったくり防止条例は、店が客引きを利用することを禁じているものの、最近の客引きは、店との雇用関係がない客引き専門の業者が多いため、行政側としては、客引きに店との関係を否認されると、そこで責任の所在が不明確となり、効果的な指導ができなくなってしまう。

しかも、客引きは、店に呼び込んだ客数などに応じて成功報酬がもらえる仕組みになっているので、店の料金体系を実際よりも安く提示して、とにかくなんでもいいから店に呼び込む人数を増やそうというインセンティブが強く働く。2013年9月に東京都新宿区が客引き防止条例を施行するなど、客引きへの規制を強化する自治体は増えているが、新宿区の条例では客引き行為に対する罰則規定がないため、ぼったくり専門の客引きを抑止する効果は弱いというのが実情だ。

新宿区歌舞伎町の場合、飲食店やキャバクラなど約7000店のうち、ぼったくりに手を染めている店はわずか十数店舗にすぎないという。

しかし、ごく一部であっても、悪質なぼったくり店による被害が出てしまうと、繁華街に集積するほかのすべての店にもマイナスの影響が及んでくる。歌舞伎町では、ぼったくり店の被害が相次ぐ中、繁華街を訪れる客数が次第に減少し、地域の飲食店全体の採算が悪化するといった悪循環に陥りつつある。

ぼったくりの被害を減らすには、あの手この手で客をぼったくり店へと誘導する悪質な客引きを撲滅するのが最も効果的であり、それには客側が「客引きは100%ぼったくり」という意識を強くもって、客引きには絶対についていかないよう気をつけることがなによりも重要だろう。

地価高騰を背景に暗躍する「地面師」グループ

六本木や麻布、赤坂、青山など東京の都心部では、2020年の東京五輪開催を前に、値上がり期待から、先回りして土地や不動産を購入する投資家、不動産業者が増えており、それを反映して地価の高騰が続いている。一部には不動産バブルの発生を懸念する声も出始めた。

そして、**地価高騰を背景に「地面師」たちが暗躍**するようにもなっている。**「地面師」というのは、他人の土地を自分の土地のようにみせかけて第三者に売り渡してしまう詐欺師のこと**である。

日本で「地面師」と呼ばれる詐欺師が出てくるようになったのは、第二次世界大戦後間もない時期だ。「地面師」たちは戦後の混乱のどさくさに紛れて、他人の土地を自分の土地とみせかけて、登記書などの関係書類をでっち上げ、それを転売することによって暴利をむさぼった。

1980年代後半のバブル期にも、土地取引が活発化する中、全国各地で「地面師」が跋扈《ばっこ》した。バブル崩壊以降は、地価の下落を受けて「地面師」もすっかり鳴りを潜めたが、アベノミクスの政策が始まった2013年頃から再び「地面師」の暗躍が目立つようになってきた。

一般に、「地面師」が関わる詐欺事件では、印鑑登録証明書やパスポートといった書類を偽造する役、土地の所有者になりすます役、土地を探す役というように細かく役割分担をしてグループで活動することが多い。弁護士や司法書士などがグルになっているケースもある。

意外に思うかもしれないが、じつは、**「地面師」グループの中で、土地の所有者になりすます「地面師」は末端**の役にすぎない。黒幕となるリーダーがチームを組んで、ニセの土地所有者の役は最後にリクルートすることが多い。本当の土地所有者と年齢や容姿が似ていなければならないからだ。

ニセの土地所有者になる「地面師」は報酬目当てで、土地所有者の役を引き受ける。ニセの土地所有者役に支払われる報酬は数百万円が相場となっている。億単位のお金が動く「地面師」詐欺の報酬としては少ない金額だ。

ニセの土地所有者には、精巧に偽造された土地所有者名義の運転免許証、印鑑登録証明書、土地の権利書などが手渡される。最近では、**実印の偽造レベルが上がっており、３Ｄプリンターなどを使えば、本物と同じ実印を簡単につくることが**できる。このため**土地取引の経験が豊富なデベロッパーなどでもだまされてしまう**ケースが出てくる。

２０１３年８月には、全国でビジネスホテルを展開するアパホテルが、「地面師」グループにだまされ、なんと12億６０００万円もの大金を支払ってしまった。

この詐欺事件の舞台になったのは、赤坂二丁目の外堀通りの近くにある約１２０坪の一等地だ。駐車場として使われていた土地で、「地面師」グループは、アパホテルの仲介会社にこの土地の購入を持ち掛け、商談が成立した。

「地面師」たちは、土地の権利書はもちろんのこと、固定資産評価証明書、印鑑登録証明書、さらには住基台帳カードまでを偽造し、その土地の所有者になりすましていた。

アパホテル側は権利関係の書類に対しては細心の注意を払っていたはずだが、各種の書類があまりにも精巧に偽造されていたため、「地面師」による詐欺だとは気が付かなかったようだ。

「地面師」グループは、2017年2月に摘発されたが、このグループは今回の事件を含めて少なくとも4件の架空土地取引に関与しており、被害総額は約25億円に上るという。

「地面師詐欺」で63億だまし取られた大手ハウスメーカー

また、2017年6月には、**大手ハウスメーカーである積水《せきすい》ハウスが「地面師」グループの仕掛けた巧妙な罠にひっかかり、まんまと63億円もの大金をだまし取られてしまった。**

大がかりな詐欺事件の舞台になったのは「海喜館」という旅館である。山手線のJR五反田駅から徒歩3分という好立地で、土地の面積は約2000平方メートルに上る。

この広大な土地の所有者は旅館を経営していた70代のAさんで、Aさんさえ承諾すれば、この土地が手に入るということで、多くの不動産業者が群がった。「海喜館」は、ここ何年か営業をしておらず、外観が荒廃していることから、地元では「怪奇館」と呼ばれることもあった。

ただ、親の代からの土地ということで、Aさんにはこの土地を売る意志はまったくなく、最近まで旅館の営業を続けてきた。

しかし、２０１７年4月24日、突如としてこの土地に売買契約が成立した。土地取引は積水ハウスと契約する不動産業者が、Aさんから土地を買い取り、その後、この不動産業者から積水ハウスに転売するという形で行われた。

積水ハウスはマンション建設用地として、この土地を70億円で購入する契約を結び、売買契約時に手付金として15億円を支払った。さらに、２０１７年6月1日、法務局に所有権移転の登記申請をする際に48億円が支払われた。6月1日までに購入額の9割に相当する63億円が支払われたということだ。

この土地の価格は東京五輪を見越した都心一等地の値上がりで、１００億円以上にはなると見込まれていたので、70億円でも安い買い物と言えた。

しかし、2017年6月9日、積水ハウスは法務局から書類偽造を理由に所有権移転の登記を拒否されてしまったのだ。Aさんを名乗る女性から提出されたパスポートや印鑑登録証明書などの書類はすべて偽造されたものであったという。その後、Aさんを名乗る女性とはいっさい連絡が取れなくなってしまった。Aさんを名乗っていた女性は、不動産関係者の間では「池袋のK」と呼ばれる有名な地面師であったようだ。

スマホの修理代を請求する「スマホ当たり屋」で年間2億円の被害

スマートフォン（スマホ）の利用が急拡大している。総務省『通信利用動向調査』によると、スマホの普及率は2010年の段階では9・7%にとどまっていたが、2015年には72・0%まで上昇した。

スマホの普及が進む中、最近ではスマホに関連した新手の犯罪も増えている。たとえば**「スマホ当たり屋」。これは歩いている人に、わざとぶつかってきて、自分のス**

マホを落とし、修理代を請求するという手口だ。

当たり屋の犯人は、駅のトイレなどから出てくる人を狙って故意にぶつかり、「おまえがぶつかったせいでスマホの画面が割れた。弁償しろ！」などと言いがかりをつけて「修理代の一部」として1万〜1万5000円を請求してくる。もちろん、スマホはあらかじめ画面が割れていたり、壊れたりしているものを用意している。

実際の事例を挙げると、2015年3月には東京のJR秋葉原駅の改札口付近で、女性にわざとぶつかって、自分のビジネスバッグを落とし、「iPadが壊れちゃったんですけど。どうしてくれるんですか？」などと言って修理代を要求した男が逮捕された。また、2016年2月には、埼玉県JR大宮駅付近の路上ですれ違いざまにわざとぶつかり、「スマホの画面が割れた」と言いがかりをつけ、修理代を請求しようとした20代の男が詐欺未遂の容疑で逮捕された。

そのほか、狭い道を走行している車にわざとぶつかってきて、「ミラーが腕に当たってスマホを落として、画面が割れてしまった！　修理代を払え！」と言いがかりをつけてくるといったパターンもある。

さらには、ターゲットにぶつかってスマホを落とす役、目撃者Aの役、目撃者Bの役というようにグループで犯行に及ぶこともある。「ぶつかって、スマホを落として壊れたから、修理代を出せ」と言ってくる相手が1人であれば反論もできるが、「私、見ました」「私も見ました」というように目撃者が出てくると、被害者は心理的に追い込まれやすくなる。

実際、「スマホ当たり屋」に要求されるまま、修理代を支払ってしまった被害者も多数出ている。

この手口が巧妙なのは、要求してくるお金が比較的少額であるという点だ。被害者のほうは「警察沙汰にはしたくないし、これぐらいの金額であればすぐに払える」という心理になり、ついついお金を払ってしまう。

似たような手口が全国各地で増えているが、元々壊れていたスマホを今壊れたかのように偽装し、金銭の支払いを求め、実際に支払ってしまった場合には、詐欺罪が成立する。もし、あなたが運悪く「スマホ当たり屋」に遭遇してしまった場合には、冷静になって、その場で解決しようとせず、とにかく警察を呼ぶことが先決だ。

では、スマホ当たり屋によって日本全体ではどれぐらいの被害が出ているのであろうか。

被害者1人あたりの被害額を1万5000円として、被害を実際に届け出ない暗数を考慮して推計すると、年間で2億円程度の被害が発生しているとみられる。

「ファクタリング」を装った新手のヤミ金融

2013年から本格的に始まったアベノミクスの経済政策の効果によって、日本の景気は上向いたと言われるが、アベノミクスの恩恵にあずかったのはもっぱら輸出関連の大企業で、中小・零細企業の業績は依然としてまだら模様である。

赤字続きの中小・零細企業の中には人件費負担などで資金繰りが厳しくなっているところもたくさんある。そして、そうした**資金繰りに切羽詰まった中小企業を食い物にする新しいタイプのヤミ金融が広がっている。**

それが**「ファクタリング」を装った違法な貸し付けの手口**である。「ファクタリング」という言葉は耳慣れないかもしれないが、企業がもっている「売掛債権」を買い取るサービスのことだ。ファクタリング業者のことをファクター（代理人や仲買人を意味する英語）と呼ぶ。

ここで「売掛債権」というのは、会社の営業活動などによって、商品の納品やサービスの提供が完了し、請求書を提出しているものの、支払期日が来ていないなどの理由でまだ受け取っていない代金を請求できる権利のことを指す。

「ファクタリング」のサービスは、もともとは中小・零細企業の資金繰り支援策として、主にリース会社などが手掛けていた。

たとえば、企業が取引先からの未収金100万円の「売掛債権」を、90万円でファクターに売ったとすれば、その企業にとっては受取日よりも早く90万円の現金を手にできるというメリットが出てくる。資金繰りが厳しい企業は一刻も早く現金を調達したいところだが、経営状態がよくないと、銀行からの融資はなかなか受けられない。

その点、**「ファクタリング」は融資ではないので、比較的簡単に資金調達できる**といったメリットもある。一方、ファクターのほうは、その後、この取引先に対して1

00万円を請求する。「売掛債権」の購入額90万円と「売掛債権」の請求額100万円の差額である10万円はファクターが受け取る手数料ということになる。

しかし、一部の悪徳業者は、一定期間が経過してから、この「売掛債権」を企業に100万円で買い戻させている。これは、よくよく考えると、90万円を貸し付けて、10万円の利息を受け取る貸金契約と同じで、貸金業に相当する行為になる。「売掛債権」を担保にして、企業にお金を貸し出すといったケースも同様に貸金業に相当する行為だ。

2017年1月25日、大阪府警は、貸金業法違反（無登録営業）容疑で「ファクタリング」を装ったヤミ金融業者を全国で初めて摘発した。

今回、摘発された業者は東京都中野区の貸金業「東洋商事」と「MINORI」の経営者2人だ。これらの業者は、業績が悪化した全国の中小企業250社に合計3億円以上を違法に貸し付け、1億円を超える利益を上げていたという。

また、2017年5月23日には、大阪府警が東京都中野区の貸金業「みかど企画」と「クレイ キャピタル」の経営者2人と両社の従業員5人を、貸金業法（無登録営業）

と出資法違反（超高金利）で逮捕した。

これらの業者もやはり「ファクタリング」を装った手口で高金利のヤミ金融を行っていた。具体的な逮捕容疑は、2016年3月から9月にかけて、無登録で貸金業を営み、滋賀県内の会社会長ら2人に現金計60万円を貸し付け、法定金利の40〜48倍となる利息計25万円を受領していたというもの。

これだけ金利が高ければ、借りる側も相手がヤミ金融業者であることにすぐに気づきそうなものだが、なぜ「ファクタリング」を装ったヤミ金融の被害はなくならないのか。おそらく、途中でヤミ金融であることに気がついても、資金繰りが切羽詰まった中小企業の場合、経営者が正常な判断ができない状態なので、そのまま業者からお金を借りてしまうという流れになりやすいのだろう。

危険ドラッグの市場規模はすでに年間1200億円

2014年10月、神奈川県横須賀市の住宅で、60代の両親を包丁で殺害したとして無職の次男（36歳）が逮捕される事件があった。

警察の取り調べで、この次男は以前から「危険ドラッグ」を吸っていたことが判明した。逮捕された当初、次男は「なぜ両親を殺したか分からない」と話していたが、その後、「ドラッグの使用がバレて会社をクビになり、それで父親と口論になった。ドラッグをやめろと言われて殴られたので、台所にあった包丁で刺した」と供述の内容を変更している。

このほかにも、**近年では危険ドラッグの使用が原因とみられる急死や交通事故が全国各地で頻繁に発生**している。

警察庁の統計によると、2015年の1年間に危険ドラッグに関連して検挙された事件数は1100件に達し、前年比55・8％増と大幅に増加した。

危険ドラッグというのは、覚せい剤や大麻、向精神薬、阿片《あへん》といった規制薬物や指定薬物に化学構造を似せてつくられ、これらと同様の効果をもつドラッグを指す。

植物片の「ハーブ」、粉末状の「パウダー」、液体状の「リキッド」といった形態があり、無数の種類が存在する。いずれも幻覚や錯乱を引き起こし、常習性も高い。

ハーブは「香料」、パウダーは「バスソルト」、リキッドは「アロマオイル」といった具合に、使用目的を偽って販売されることが多い。

2014年には、幻覚や強い興奮作用のある「ハートショット」と呼ばれる危険ドラッグが出回って社会問題化した。「ハートショット」は石油を原料としており、厚生労働省の指定薬物よりもはるかに強力な作用があるという。吸引すると、意識混濁で倒れるなど重大な健康被害や事件事故を発生させる恐れもある。2014年9月中旬からわずか約1ヵ月で「ハートショット」を使用した人物のうち15人が死亡した。

こうした危険ドラッグに手を出したことのある人は、若者を中心に全国で40万人に上ると推計されている（厚生労働省の調査）。

では、このような危険ドラッグの市場規模はどれぐらいになるのだろうか。筆者が（摘発された）業者の売上動向や、危険ドラッグの取り扱い業者数など供給サイドのデータを元に推計したところ、**すでに年間約1200億円の巨大市場が形成されているとみられる。**合成麻薬MDMA（通称：エクスタシー）の市場がピーク時の05年で約460億円だったが（門倉推計）、危険ドラッグの市場はその2・6倍の規模にもなる。

危険ドラッグに関連した事件が多発する中、危険ドラッグの蔓延を防ぐことを目的に、販売店への規制が強化されるようになった。

たとえば、厚生労働省は2014年8月から9月にかけて18都道府県の危険ドラッグ販売店（114店）を立ち入り検査した。その結果、違法薬物と疑われる製品が延べ1064商品に上ったという。危険ドラッグ販売店には、薬事法に基づいて成分検査と販売停止の命令が出された。摘発強化によって、廃業や休業状態に追い込まれた店舗も増えてきている。

しかし、インターネットが高度に発達した現在では、危険ドラッグの販売店に対する規制を強化しても、それだけでは危険ドラッグの市場を消滅させるには力不足だ。販売手法が取り締まりの難しい無店舗型に移行するなどして、危険ドラッグの市場がさらに地下に潜行《せんこう》してしまう恐れがある。

実際、販売店への規制に限界があることはブルセラショップなどの事例を見れば明らかだ。90年代前半、「ブルセラショップ」が繁盛した。「ブルセラショップ」とは、女子中高生などが身につけた下着などを買い取り、それを欲しがるフェティシストの成人男性にマージンを上乗せして販売するビジネス。最盛期の93年には年間市場規模が100億円に達していた。下着などは、近所のスーパーやバーゲンで買えば300円程度だが、数日間着用してブルセラショップに持ち込むと、ざっと元値の10倍以上に跳ね上がる。さらに、ブルセラショップは、仕入れた下着を買い取り価格の2〜3倍で顧客に販売する。

90年代後半以降、ブルセラショップへの規制が強化されるようになり、さらに各地方自治体が「青少年育成条例」で独自に規制をするようになった。東京都は、04年6月から、「青少年育成条例」を改正、ブルセラ業者が18歳未満の少女から着用済みの制服や下着を買い取ることなどを、罰則をつけて禁止することを決めた。ブルセラショップや「買う大人」を管理するとともに、少女が安易に大金を手に入れることを防止するのが狙いだ。東京都が改正した後、大阪など他の自治体も相次いで条例を改正するようになった。

しかし、最近では、ネットオークションや出会い系サイトなどがブルセラ販売に利用されている。女子中高生がサイト上で「下着を買ってください」などといった書き込みをし、条件が折り合った成人男性と直接会って自分の衣服や下着などを1枚数千円で販売するというものだ。1人の女子中高生の書き込みに対して多数の購入希望男性が殺到しており、規制は強化されてもブルセラ人気は衰えていない。

危険ドラッグの話に戻ると、警察庁の調査では危険ドラッグ購入者のうち62・1%は街頭店舗で入手しているが、19・8%はインターネットで、2・6%はデリバリーで入手していたという。

やはり危険ドラッグ対策としては、店舗規制だけでは不十分であり、同時に当局がインターネットのプロバイダーに販売サイトの削除を要請するなど、インターネット上での危険ドラッグの販売を監視していくことが重要になってくるだろう。

「盗撮動画」提供の報酬は200万円になることも

近年、日本では、卑劣な盗撮ビジネスが拡大している。 警察庁の資料によると、2014年の盗撮行為の摘発件数（「下着などの盗撮」と「公衆浴場や公衆便所などでの盗撮」

の合計）は３２６５件で、06年（１０８７件）の約3倍へと増加した。**知らないうちに盗撮の被害に遭っている女性の数は全国で10万人に及ぶとも言われる。**

カメラ付き携帯電話やスマートフォンを使って女性のスカートの中を撮影するといった手口が多く、盗撮事件の検挙件数の６割以上が、カメラ付き携帯電話とスマートフォンを使用した手口で占められる。

最近では、カメラのレンズが外に向けられたアタッシュケースや紳士用バッグを、立っている女性の足元に置いたり、あるいは靴の先端に小さな穴を開けてその内部に小型カメラなどを仕込んで撮影するなど、盗撮の手口はどんどん巧妙化・複雑化している。

盗撮を繰り返す人の大半は、自分の趣味や楽しみでやっているが、インターネットの有料盗撮サイトに投稿するなど主として謝礼目当てで盗撮を行う人もいる。有料盗撮サイトに掲載されている動画に刺激を受けて、自分でも盗撮行為をするようになったという人も少なくない。

業界関係者によると、世の中に大量に出回る有料盗撮サイトや盗撮ビデオのうち8

割は「やらせ」だが、残りの2割は本当の盗撮になっているそうだ。

有料盗撮サイトが氾濫するのは、そこに根強い需要があって、収益性の高いビジネスになっていることがある。高額の謝礼が支払われるため、刺激的なコンテンツが多数投稿され、それがさらなる需要の拡大をもたらす。

有料盗撮サイトでは、究極のリアリティを追求するマニアックな需要層が多いため、「やらせ」ではない本物の盗撮映像・動画は、高い値段で買い取ってもらうことができる。

買い取りの相場はケース・バイ・ケースだが、安い場合でも3万円、高ければ30万円になることもある。過去には盗撮動画が200万円で買い取られたこともある。

謝礼目的で盗撮を行う人は、多重債務者などお金に困っていることが多い。有料盗撮サイトを運営する業者が、メールなどで高額アルバイトをうたって撮影者として女性を募集することもある。謝礼につられて応募した女性は、銭湯の脱衣場や公衆浴場での盗撮を行うというわけだ。

2016年には、女性を盗撮したわいせつ動画を有料配信していたサイト運営会社が、福岡県警によって摘発された。このサイト運営会社は、200人以上の動画提供者からわいせつな動画を高値で買い取っていた。著名人の盗撮動画の提供者には10万円以上の報酬を支払っていたという。動画提供者に高額報酬を支払っても、盗撮動画への需要がそれ以上に大きいため、盗撮ビジネスは成立する。

このサイト運営会社は5つの動画配信サイトをもっており、約1万4000本のわいせつ動画を有料配信していた。このうち「盗撮」とジャンル分けされた動画だけでも4000本に上る。このサイト運営会社の売上高は2014年以降の2年半で約10億円にも上っていたというから驚きである。

では、**盗撮動画の市場**はどれぐらいの大きさになるのだろうか。動画提供1件あたりの報酬の相場や、盗撮で検挙された事件の件数、統計には現れない「暗数」などを踏まえて年間の市場規模を推定したところ、**約326・5億円の規模**となった。

性犯罪や個人の盗撮行為を誘発するような有料の盗撮サイトについては、摘発を強化したり、罰則を厳しくしていく必要があるだろう。

また、盗撮行為そのものに対する取り締まりも重要だ。盗撮に対する規制を強化すべく、最近では、各地方自治体で迷惑防止条例を改正する動きが広がっている。従来の規制は、道路や公園といった「公共の場所」や、電車など「公共の乗り物」での盗撮を禁じていたが、改正後はこれを会社事業所や学校の教室などにまで拡大する。さらに、盗撮目的でカメラやスマホを人に向けたり、設置するといった、いわゆる「前段行為」も規制の対象としている。

市場規模218億円、全国の空港で中国式「白タク」が横行

2016年の訪日中国人観光客数が637万3000人に達し、2010年実績(141万3100人)の約4・5倍に拡大するなど、日本を訪れる中国人観光客数が大幅に増加している。

そうした中、近年では、**羽田空港や成田空港、関西国際空港といった日本各地の空港やホテルで、中国式「白タク」が横行している。**

読者のみなさんもご承知のとおり、「白タク」とは、営業許可をとらずに自家用車

やレンタカーを使って、タクシー営業をしている車のことを指す。自家用車やレンタカーはナンバープレートの色が白地に緑文字なので「白タク」と呼ばれる（タクシーは事業用自動車になるので緑地に白文字のナンバープレートになる）。

「白タク」のうちドライバーが日本在住の華人・華僑である場合を、とくに中国式「白タク」と言う。当たり前のことだが、「白タク」は道路運送法違反という違法行為で、最高罰則は懲役3年だ。

中国式「白タク」を利用するのは、日本を訪れた中国人である。中国式「白タク」を利用すると、日本のタクシーを利用する場合に比べて、料金が半額ぐらいで済むため、訪日中国人の多くが、空港からホテルまでの足として中国式「白タク」を選ぶ。たとえば、関西国際空港から新大阪までの区間についてみると、タクシーでは2万円かかるが、「白タク」であれば1万円ぐらいで済む。

また、日本のタクシードライバーの多くが中国語に対応できないため、中国人客にとっては、中国語が通じる中国式「白タク」が重宝されるといった側面もある。

中国式「白タク」では『皇包車』や『唐人接』『易途8』『蜜柚旅行』『走着旅行』

『丸子旅行』といった中国の配車アプリを使って、ドライバーと顧客が連絡を取り合っており、料金の決済もスマートフォンを通じて行われる。配車アプリを使った「白タク」ビジネスは「境外包車」と呼ばれ、2015年に登場したばかりの新しいサービスだが、スマホさえ持っていれば誰でも手軽に中国式「白タク」を手配することができるということで、あっという間に利用者を増やしていった。

配車アプリ大手の『皇包車』の場合、東京で1800人、大阪で1200人、北海道で280人、沖縄で100人など、都道府県ごとにかなりの数の在日中国人がドライバーとして登録しており、日本全国では数千人規模になるという。

訪日中国人客にとっては使い勝手がいいかもしれないが、中国式「白タク」が日本で横行するとさまざまな問題が出てくる。

まず、日本のタクシー業界にとっては、中国式「白タク」に乗客を奪われるわけだから、直接売上の減少につながる。

また、中国式「白タク」の利用は、乗客にとってもリスクが大きい。保険に入っていないので、万一、乗車中事故に遭ったときに補償がないのだ。

さらに、**中国式「白タク」の売上は日本ではなく中国で申告されるため、日本の政府にとっては、税金の徴収ができない**という問題も出てくる。

このため、警察当局は中国式「白タク」を摘発しようと躍起になっているが、決済がすべてスマホを通じて行われるため、ドライバーと乗客の関係にあることの証拠をつかむことが非常に難しい。

職務質問でドライバーを問いただしても「ただ空港に友人を迎えに来ただけ」と言われれば、警察はそれ以上追及することができないのだ。

2017年6月29日には、沖縄県警が、「白タク」を行ったとして道路運送法（無許可一般旅客運送事業経営）違反容疑で中国人の男2人を逮捕した。これが日本国内での中国式「白タク」の初検挙だった。中国人の男らは2017年4月20日から6月8日にかけて、ワゴン車1台を使って、少なくとも7回にわたって「白タク」を行い、運賃として総額約21万円を受け取っていたという。乗せた客は総勢20人以上だった。

しかし、今回摘発された2人の中国人は、入国管理局から認められた範囲を超えて働いたとして、入管難民法違反容疑ですでに逮捕・拘留されており、口座を調べる中でたまたま「白タク」の証拠が見つかったという珍しいケースだった。

また2017年10月31日には、大阪府警国際捜査課が、「白タク」を行ったとして中国籍の男4人を逮捕した。男らは2017年6~9月、中国人観光客約40人を7回にわたって、関西国際空港や大阪市内でワンボックスカーに乗せていた。府警は、関空から「白タク」を追跡するなど地道な捜査を続けて今回の逮捕にこぎつけたという。

では、中国式「白タク」の市場規模はどれぐらいになるのか。摘発された「白タク」業者の1ヵ月あたりの売上高や配車アプリの登録ドライバー数などから推計すると、年間約218億円の市場を形成しているとみられる。

第5章

闇サイトと地下経済

闇サイトは「犯罪の総合デパート」

最後の第5章では、ここ数年の間に急成長を遂げた闇サイトと地下経済の関係について詳しくみていこう。

インターネットの急速な普及に伴い、闇サイトが暗躍している。耳慣れない方も多いかと思うが、**闇サイトというのは、犯罪などの違法行為を実行したり、誘発したりするウェブサイトを総称したもので、「ダーク・ウェブ（Dark Web）」と呼ぶ場合もある。**

闇サイトでは、違法ドラッグや拳銃、コンピュータウイルス、ハッキングツール、偽造パスポート、偽造免許証、偽札、血液、臓器、アダルトコンテンツ、児童ポルノなど、各国の法律で禁じられたありとあらゆるものがクリックひとつで簡単に手に入る。ヒットマン（殺人請負人）による殺人まで仲介されており、**さながら「犯罪の総合デパート」といった様相を呈している。**

日本人が闇サイト絡みで摘発されるといった事件も発生している。

たとえば、2017年4月には、闇サイトで、少なくとも230万ユーロ（約2億8000万円）相当の違法ドラッグを密売したとして、日本人の男女と米国人の男の計3人が、ドイツの捜査当局によって逮捕された。もう1人、日本人女性とみられる容疑者は逃走中で、国際手配されている。

犯人グループの闇サイトでの取引回数は2万5000回以上に上った。ドイツの捜査当局が捜索した結果、ベルリンにある5軒の家からマリファナが9キログラム、大麻が6キログラム、合成麻薬（MADA）が1キログラム、コカインが300グラム、それぞれ見つかったという。

英国ポーツマス大学のガレス・オーウェン博士が2014年に行った研究によると、調査対象としてピックアップした4万5000件の闇サイトのうち、ジャンルとして最も多かったのはアダルト関連サイトで全体の17%を占めた。その後に違法ドラッグ（全体の15%）、政治関連（9%）、偽造関連（8%）、匿名掲示板（8%）が続く（図表5-1を参照）。

図表5-1　闇サイトのジャンル別構成比（2014年）

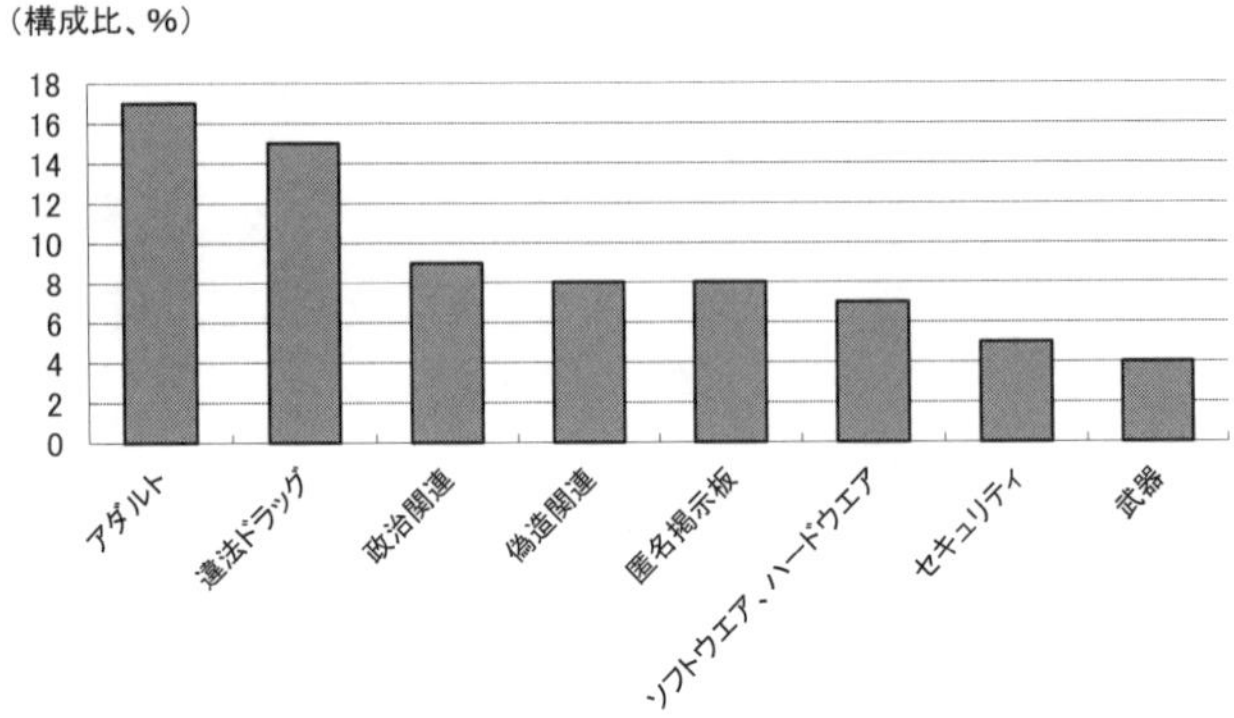

出所：英国ポーツマス大学資料より作成

「こんな恐ろしい悪魔のようなサイト、今まで一度も見たことない！」と言うかもしれないが、じつは、**私たちが普段目にしているウェブサイトはウェブサイト全体からみれば氷山の一角**にすぎない。

たとえば、米国のカリフォルニア大学バークレー校が2001年に実施した調査によると、グーグルやヤフーといった検索サイトを使えば出てくる、いわゆる「表層ウェブ（Surface Web）」の割合は10％ぐらいであるという。残りの90％は、検索サイトを使っても見つけることができない「深層ウェブ（Deep Web）」の世界になっており、この「深層ウェブ」の中に闇サイトが乱立している。

闇サイトには、特定のツールやサービスを使わないとアクセスすることができない。闇サイトにアクセスするための代表的なツールが「Ｔｏｒ（トーア）」と呼ばれる特殊なブラウザである。

「Ｔｏｒ」は「The Onion Router」の略語で、その名のとおり、玉ねぎのごとく何層にも包まれたように通信する複雑な仕組みになっている。通信はその都度、ボランティアが提供する複数のサーバーをランダムに経由することで行われる。ボランティアが提供するサーバーは世界で数千台にも及ぶ。しかも、通信がどのサーバーからどのサーバーを経由したかという経路情報は、中継されるごとに暗号化されていく。

通常、パソコンの端末からインターネットに接続すると、必ず「ＩＰアドレス」というユーザーの足跡が残ってしまう。しかし、「Ｔｏｒ」を使うと、このＩＰアドレスを秘匿することができるのだ。

「Ｔｏｒ」は、元々は、ワシントンＤ．Ｃ．にある米国海軍総合科学研究所（ＮＲＬ）が、マサチューセッツ工科大学の研究者の助力を得ながら、諜報活動や情報源とのやりとりを秘匿する狙いで開発したものだ。オンライン上のやりとりを監視しても、誰と誰が通信を行っているのかが外部からはわからないというメリットを活かして、完全な匿名性が必要となる反体制派、内部告発者、ジャーナリストなども「Ｔｏｒ」を利用している。

また、闇サイトでは、完全な匿名性を確保するために、決済手段として「ビットコイン」などの仮想通貨が使用されることが多い。あるセキュリティー会社の調査によると、1万1000の闇サイトのURLから2万2000のパブリックキー（公開鍵、データの暗号化で用いられる鍵）が特定されたが、そのうち798が「ビットコイン」のパブリックキーであったという。

それでは、闇サイトの市場規模はどれぐらいの大きさになっているのだろうか。米国のシンクタンク、ランド研究所が、セキュリティー会社ジュニパーネットワークスの依頼を受けてまとめた報告書によると、**闇サイトは日本円に換算して年間7000億〜8000億円のマーケットを形成**しているという。

捜査当局と闇サイトのイタチごっこ

無法地帯の闇サイトが乱立する中、各国の警察当局は、闇サイトの存在が地下経済の拡大に影響しているとみて、闇サイトの摘発と閉鎖に躍起になっている。

２０１７年７月20日、米国司法省は、英国、フランス、カナダ、タイの当局及び欧州警察機構（ユーロポール）と連携して、利用者が20万人、販売業者が４万人にも上る世界最大の闇サイト「アルファベイ（AlphaBay）」を閉鎖したと発表した。

この発表に先立ち、２０１７年７月５日には、「アルファベイ」の創設者・管理者と言われるカナダ人のアレクサンドル・カゼス（Alexandre Cazes）容疑者（当時25歳）が居住先のタイで逮捕された。カゼス容疑者は、７～８年ほど前からタイで暮らしていたという。カゼス容疑者は、逮捕後１週間が経過した７月12日、タイの刑務所内で自殺してしまった。

カゼス容疑者とタイ人の妻がタイやキプロス、リヒテンシュタインなどで保有していた資産はすでに押収されており、ランボルギーニやポルシェなどの高級車10台、「アルファベイ」で荒稼ぎした1800万ドル（約20億円）相当の金融資産が見つかったという。

「アルファベイ」が取り扱っていたのは、主にヘロインや合成オピオイドといった違法ドラッグで、違法ドラッグだけでも25万件の販売告知があった。そのほか、盗品の身分証明書、ハッキングツール、銃器などの販売告知が10万件となっている。**「アルファベイ」が2014年に開設されてから摘発されるまでの売上高は少なく見積もっても10億ドル（約1100億円）に上る**という。

「アルファベイ」は、先ほど紹介した「Tor」を通じてアクセスされていて、決済には仮想通貨「ビットコイン」が使われていた。

一方、オランダ警察は、2017年7月20日、「アルファベイ」とは別の闇サイトである「ハンザ・マーケット（Hansa Market）」を閉鎖したと発表した。「ハンザ・マーケット」は世界で3番目に大きい闇サイトだ。オランダ警察は「ハンザ・マーケット」の管理者2人をドイツで逮捕しており、オランダ、ドイツ、リトアニアに置かれていた「ハンザ・マーケット」のサーバーも押収している。

ただし、当局が闇サイトを摘発・閉鎖しても、すぐに別の闇サイトが立ち上がるというのが実情で、闇サイトの世界は今後も存在し続ける可能性が高い。

たとえば、2013年10月2日、闇サイトの「シルクロード（Silk Road）」がFBI（米連邦捜査局）によって摘発・閉鎖されたが、その翌日には、「シルクロード」に代わる別の闇サイトが立ち上がっていたという（「シルクロード」については後で詳述）。

さらに、「シルクロード」の閉鎖から1ヵ月後には「シルクロード」を受け継ぐ「シルクロード2・0」が立ち上がった。この「シルクロード2・0」も、2014年11月、FBIに摘発されてサイトは閉鎖に追い込まれたが、また別の闇サイトが立ち上がって会員を増やすようになっている。

英国のマンチェスター大学とカナダのモントリオール大学の調査によると、**「シルクロード」が閉鎖された後に、闇サイトでの違法ドラッグの取引量は3倍に増加した**という。

ギリシャ神話に「ヒュドラー」という怪物が出てくる。この怪物は9つの首をもっており、1本の首を切り落としても、すぐにそこから新しい2本の首が生えてくる。闇サイトは「ヒュドラー」のようなもので、捜査当局がある闇サイトを閉鎖に追い込んでも、すぐに第2、第3の闇サイトが登場してくるのだ。

違法ドラッグ販売で1320億円を稼いだ闇サイト「シルクロード」

闇サイトでの違法ドラッグの取引市場は急成長している。たとえば、英国の『エコノミスト』誌によると、闇サイトにおける違法ドラッグの売上高は2012年の1500万~1700万ドル（約16・5億~18・7億円）から2015年には1億5000万~1億8000万ドル（約165億~198億円）とわずか3年間に10倍以上に拡大した。

一方、米国のシンクタンク、ランド研究所が発表した報告書によると、闇サイトにおける違法ドラッグの売上高は、2016年には1億4400万~2億2100万ドル（158億4000万~243億1000万円）に達したとみられる。

また、米国の『Global Drug Survey』によると、米国の違法ドラッグ市場で闇サイトが占める割合は2014年の8％から2016年には16％にまで拡大したという。

では、闇サイトに出品・販売されているさまざまな違法ドラッグのうち、売れ筋商品はどのようなものだろうか。

ランド研究所の報告書によると、闇サイトで最も売れているドラッグはマリファナで、全売上高の37％を占める。次に多いのがコカインやアンフェタミンといった精神刺激薬で、全売上高の29％を占める。こうした傾向は闇サイトに限ったことではなく、従来からの対面販売でもマリファナやコカイン、アンフェタミンは売れ筋となっている。

対面販売と闇サイトで大きな違いが現れるのは、エクスタシーとヘロインの売上構成比である。闇サイトではエクスタシーは19％の売上構成比となっているが、対面販売（ヨーロッパ地域）では3％の売上構成比にとどまる。その一方、闇サイトでのヘロインの売上構成比は6％にすぎないが、対面販売（ヨーロッパ地域）では28％の売上構成比を占める。

これは違法ドラッグの購入者が、闇サイトと対面販売で、購入するドラッグの種類を使い分けているためで、エクスタシーなどパーティー用のドラッグを調達する際には主に闇サイトを利用し、ヘロインなど個人的、かつ日常的に使うドラッグは対面販売で調達している様子がうかがえる。

ところで、闇サイトのうち、違法ドラッグの取引で有名だったのが2011年1月に開設された「シルクロード（Silk Road）」である。

「シルクロード」は、違法ドラッグをネットで販売する場所をドラッグのディーラーに提供するサイトで、マリファナ、LSD、ヘロイン、コカイン、エクスタシーなどさまざまな違法ドラッグが販売されていた。

ドラッグを中心に1万3000点もの商品が出品されており、**この闇サイトに来ればありとあらゆる違法ドラッグが手に入ることから「薬物のeBAY」「薬物のアマゾン」などの異名をとった。**

「シルクロード」は、2011年2月から2013年7月までの2年半で122万9465件の取引があり、9500万ビットコイン（約12億ドル、1ドル＝110円で換算すると1320億円）の売上があったという。

また、「ドレッド・パイレート・ロバーツ（『プリンセス・ブライド』というタイトルの長編小説に登場する架空のキャラクター）」を名乗るサイトの運営者は、仲介手数料として60万ビットコイン（8000万ドル、約88億円）の利益をあげていた。

民主党のチャールズ・シューマー上院議員が「シルクロード」を問題視する発言をするなど、政策当局は早い段階から「シルクロード」の存在を知っていたが、匿名性が確保された闇サイトであるため、なかなか捜査が進まなかった。

しかし、2013年7月、FBIは「シルクロード」のサーバーにアクセスし、おとり捜査官を使って、「シルクロード」の実態を調べることに成功した。おとり捜査官は10ヵ国の「シルクロード」のドラッグ売人から100回以上ドラッグを購入したという。

そして運命の日が訪れる。2013年10月1日、FBIはついにサンフランシスコの公立図書館で、「シルクロード」の所有者であるロス・ウィリアム・ウルブリヒト（Ross William Ulbricht）（当時29歳）を見つけ、違法薬物取引・マネーロンダリング・殺人教唆《きょうさ》などの容疑で逮捕した。闇サイトの運営者と聞くと、極悪人のイメージを想起するが、逮捕された男は意外にも感じのいい爽やかな好青年であった。

「シルクロード」のサイトは閉鎖され、サイトの「ビットコイン」口座から360万ドル（約3億9600万円）相当の「ビットコイン」が押収された。

「シルクロード」の決済がすべて「ビットコイン」で行われていたため、当時の「シルクロード」の運営と「ビットコイン」相場には密接な関係があった。実際、「シルクロード」の閉鎖のニュースが伝わると、同サイトで利用されていた仮想通貨「ビットコイン」の価値は1ビットコイン＝145ドルから一時1ビットコイン＝110ドルへと一気に24％も下がってしまった。

2015年5月29日、米ニューヨーク州マンハッタンの連邦地方裁判所は、違法薬物取引・マネーロンダリング・ハッキング・殺人教唆など7つの容疑すべてを有罪とし、ロス・ウィリアム・ウルブリヒト容疑者に対して仮釈放なしの終身刑の判決を言い渡した。

闇サイト「シルクロード」を立ち上げたロス・ウィリアム・ウルブリヒトの半生に

ついては、コーエン兄弟が脚本を担当して『ダーク・ウェブ』というタイトルで映画化される予定だ。

闇サイトのオークションで売られそうになった英国の女性モデル

無法地帯の「闇サイト」では、ネットオークションで女性が「商品」として出品されることも多い。２０１７年8月、人身取引（トラフィッキング）に関する衝撃的なニュースが全世界を駆け巡った。

英国の女性モデルを誘拐し、闇サイトのオークションで性奴隷として売り払う計画を立てた容疑で、英国ロンドン在住のポーランド人の男ウカシュ・ヘルバ（Lukasz Herba）（30歳）が逮捕されたのだ。

この悪夢のように恐ろしい事件の概要は以下のとおり。

モデルのクロエ・アイリーン（Chloe Ayling）さん（20歳）は、２０１７年7月10日、撮影の仕事のためイタリアのミラノへと赴《おもむ》いた。しかし、この仕事はそもそも架空のものであった。

翌日（7月11日）、撮影スタジオとおぼしき指定されたアパートの部屋を訪れたところ、アイリーンさんは突然2人組の男に襲われてしまう。彼女は男たちに暴行されたうえに、腕に麻酔薬を注射されて意識を失った。

男たちは彼女の服を脱がせて写真を撮影、そのまま彼女に手錠をかけて、キャリーバッグに詰め込んだ。彼女が目覚めたときには、キャリーバッグごと車のトランクの中に入れられていたという。

車がトリノ北西部にある人里離れたアジトに到着すると、アイリーンさんは山小屋の寝室にある木製タンスに手錠で繋がれ、その状態で6日間も監禁された。誘拐された場所からアジトまでは200キロ離れていた。

彼女を誘拐した男たちは、**若い女性をさらっては闇サイトのオークションで売り飛ばす人身売買組織**「ブラック・デス（黒死病）」のメンバーだった。「ブラック・デス」は1994年から闇サイトを運営しており、そこで人身売買や違法ドラッグ、武器・爆弾の販売、傭兵の派遣といったビジネスを手掛けている。

しかし、ここで予想外のことが起こる。「ブラック・デス」のボスはアイリーンさんのインスタグラムを見て、彼女が1歳になる男の子の母親であることを知った。じつは「ブラック・デス」のルールで子どものいる女性はオークションには出品しないことになっていたのだ。ルール違反ということで、「ブラック・デス」のメンバーは闇サイトのオークションにアイリーンさんを出品することはあきらめた。

その代わりに、今度は彼女のエージェントに対して、オークションの落札価格の目安であった30万ユーロ（27万ポンド、日本円に換算すると約3300万円）を身代金として「ビットコイン」で支払うよう要求してきた。

結局、子どものいる女性を間違って誘拐したことで、ボスによる制裁を恐れた実行犯の1人ウカシュ・ヘルバが彼女をミラノにあるイギリス領事館まで連れて行き、そこで彼女は保護された。7月17日、ウカシュ・ヘルバは駆けつけた警察官によってその場で逮捕された。一方、アイリーンさんは、無事解放されて8月6日に帰国したが、精神的に大きなショックを受けているという。

政治家の暗殺を呼びかける闇サイトも登場

闇サイトの中には、その匿名性を活かして、自分たちと信条を異にする国家元首や政府高官の暗殺を呼びかけるサイトもある。

こうした闇サイトの多くは、政府高官の首に懸賞金をかけており、暗殺に賛同するサイトの閲覧者は、匿名で「ビットコイン」を寄付することができる。そして、ヒットマンが期限内に暗殺を実行した場合、このヒットマンに懸賞金のビットコインが送金されるという仕組みだ。いわば、**近年流行りの「クラウドファンディング」を暗殺ビジネスに応用したようなもの**だ。

実際、2013年には「暗殺マーケット」という闇サイトが登場し、バラク・オバマ米国前大統領やヒラリー・クリントン氏ら6人の暗殺への賛同を呼びかけた。

米国国家安全保障局（NSA）のキース・アレキサンダー行政官（当時）の暗殺に対しては10ビットコイン（約7500ドル）、オバマ前大統領の暗殺に対しては40ビットコイン（約3万ドル）、当時の連邦準備制度理事会（FRB）議長のベン・バーナンキ氏の暗殺には124・14ビットコイン（約9万6000ドル）の報酬が集まっていたという。

直近では、2016年12月、トランプ次期大統領とペンス次期副大統領（大統領・副大統領とも就任前）の「暗殺」を呼びかけるサイトが立ち上がって人々の注目を集めた。このサイトは「Terminating Donald Trump（トランプを終わらせる）」で、サイト上で「トランプとペンスを自由主義世界の指導者として迎えるのは極めて危険だ！」という声明を出し、賛同者から「ビットコイン」を使った寄付を募っている。

サイトが開設されてすぐに、トランプ氏の暗殺に対して115ビットコイン（約8万8000ドル）の寄付が集まったということだ。

米国FBIが児童ポルノサイトを運営した前代未聞のおとり捜査

数ある闇サイトの中には、児童ポルノのジャンルに特化したサイトも存在する。

英国のポーツマス大学の調査によると、児童ポルノ関連の闇サイトは全体の2％しか占めていないにもかかわらず、児童ポルノ関連の闇サイトへのトラフィック数（時間あたりの通信量）は全体の80％以上を占めていたことがわかった。つまり、**闇サイトを利用している人たちにとっては、児童ポルノ関連が圧倒的な人気を誇っている**ということだ。

また、この調査では、児童ポルノサイトの運営期間が極めて短いことも判明した。2013年3月に存在していた児童ポルノサイトが、その半年後には6分の1以下にまで減少していたという。

児童ポルノの中でも、とくに悪名高かったのが2014年8月に開設された「Playpen」という児童ポルノ専門サイトで、過激な児童ポルノや児童虐待に関する画像・動画11万7000点以上のコンテンツを誇った。ちなみに、Playpenというのは格子で囲った赤ちゃんの遊び場（ベビーサークル）という意味の英語である。「Playpen」は、サイト開設後のわずか1ヵ月で6万人のペドフィリア（小児性愛者）の会員を集め、2015年には21万5000人近くの会員数に達した。1週間の平均訪問者数は1万1000人であったというから、その人気ぶりがうかがい知れる。

ペドフィリアの間では超人気サイトとなっていたものの、2015年2月、外国捜査機関による児童ポルノサイトの情報提供をきっかけに、米国のFBI（連邦捜査局）が「Playpen」に対する侵入捜査を実施、FBIは「Playpen」の違法性を認定するとともに、ノースカロライナ州にあったサーバーを押収した。

ここから**前代未聞のおとり捜査**が始まる。なんと、FBIは「Playpen」のサーバーを押収した事実を公表せず、バージニアにある「FBIのサーバー」に「Playpen」を移し、何ごともなかったかのように、約2週間（2015年2月20日から3月4日まで）、そのまま児童ポルノサイトの運営を続けたのだ。

FBIは押収したサーバーに、「Playpen」にアクセスしたユーザーのコンピューターに侵入して個人情報を取得するウイルス（マルウェア）を仕込み、「Playpen」利用者の個人情報を集めた。FBIは、この捜査の過程で1000台以上ものコンピューターをハッキングしたという。

匿名性が固く守られていると信じて「Ｐｌａｙｐｅｎ」にアクセスしていた利用者はすべてＩＰアドレスから身元を割り出されていった。

その結果、「Ｐｌａｙｐｅｎ」で法に触れる児童ポルノのコンテンツをアップロードもしくはダウンロードした容疑で１００人を超える多数の逮捕者が出ることになった。それでは、「Ｐｌａｙｐｅｎ」にアクセスしていたのは、どのような人たちだったのだろうか。

逮捕された人たちの多くは、小児科医や大学教授、元銀行幹部、連邦政府のエージェントなど「専門職のホワイトカラー」層で占められていたという。社会的地位の高い人たちが、日頃のストレスを解消する目的で児童ポルノサイトにアクセスしていたという衝撃の事実が明らかになったのである。

ちなみに、ＦＢＩがおとり捜査で「Ｐｌａｙｐｅｎ」を運営していた2週間、サイトの訪問者数は週1万１０００人から週5万人と約5倍に跳ね上がった。また、サイトの会員数は30％増加、新規訪問者数は4倍になった。そのほか、新たに２００の動画、９０００の画像、１・３万のリンクも貼られたという。これはＦＢＩがサイトの速度を上げたためと考えられる。どうやらFBIには児童ポルノサイトを運営する才能もあったようだ。

ただし、今回の闇サイト摘発の手続きに際しては、プライバシー保護の観点からFBIの捜査手法に疑問の声も上がっている。

闇サイトでピストルを購入する犯罪組織とマフィア

闇サイトでは、「グロック19」「コルト」「ワルサー」といった拳銃やアサルトライフルの「AK47」、プラスチック爆弾、ロケットランチャー、手榴弾、スタンガン、ナイフなどさまざまな武器の売買も行われており、闇サイト上に出品されている武器の数は合計16万7693点にも上る（米国のランド研究所の調査）。ただし、これまでのところ、売上規模はそれほど大きなものにはなっていない。

というのも、誰にも気づかれることなく、購入者のもとに武器を配送することは、違法ドラッグを配送する場合に比べて格段に困難な作業となり、十分な利益を上げることができないからだ。また、武器取引については、各国政府がとくに警戒を強めており、販売業者や購入者を割り出すために「おとり捜査」などのさまざまな罠が仕掛けられていることが多く、サイトで武器を取り扱うことのリスクが大きいという事情もあるようだ。

実際、先ほど紹介した違法ドラッグを専門に扱っていた闇サイト「シルクロード」は、武器だけを取り扱う闇サイト「Ａｒｍｏｒｙ」を開設したのだが、開設して数ヵ月後にはサイトを閉鎖してしまった。

「Ａｇｏｒａ」という闇サイトも武器の販売を行っていたが、２０１５年７月に武器の取り扱いを中止することを決めた。中止の理由としては、やはり武器を配送することが難しいといったことが挙げられていた。

また、２０１７年７月に摘発された「アルファベイ」はサイト上で主力のドラッグのほか武器の販売も行っていたが、売上構成比でみると、それほど大きなものではなかった。

では、闇サイト上の武器販売でどれぐらいの収入があるのだろうか。米国のシンク

図表5-2　闇サイトにおけるピストルの販売価格（2016年）

商品名	平均（ドル）	最安値（ドル）	最高値（ドル）
グロック	1,189	245	2,200
コルト	853	424	2,011
シグ・ザウアー	705	390	1,500
ルガー	752	314	1,700
ベレッタ	1,027	419	2,000
スミス&ウェッソン	799	179	1,850

出所：米国ランド研究所資料より作成

タンク、ランド研究所が行った推計によると、闇サイト上の武器の売上高は毎月約8万ドル（約880万円）、年間約96万ドル（約1億560万円）に上った。

闇サイト上のドラッグの売上高が毎月約1420万ドル（約15億6200万円）、年間約1億7040万ドル（約187億4400万円）と推定されているので、それと比べれば武器の取引規模はかなり小さいと言える。

なお、闇サイトで武器を販売している業者の6割は米国に集中しており、次に多いのが欧州地域（25％）となっている。一方、武器の購入者は欧州地域に集中しており、米国の5倍に相当する需要がある。欧州を拠点にする犯罪組織やマフィア、テロリスト、ギャングなどが闇サイトを通じて米国製の拳銃などを購入しているとみられる。

闇サイトでの武器の販売価格を見ると、たとえば拳銃の場合、「グロック」は平均1189ドル（13万790円）、「コルト」は平均853ドル（9万3830円）、「ルガー」は平均752ドル（8万2720円）、「ベレッタ」は平均1027ドル（11万2970円）などとなっている（図表5－2を参照）。

武器の場合、単価が高いので、不正販売業者による詐欺も横行している。偽のアカウントをつくって、そこにお金を振り込ませて、商品は送らないという手口だ。闇サイト上の武器取引に関わる詐欺行為は近年、増加傾向にあるという。

私たちのカード情報も闇サイトで売買されているかもしれない

無法地帯となっている闇サイトの存在は、普通の市民生活とは無縁のようにも見えるが、じつは私たちの身近な生活にも暗い影を落としている。

ネットショッピングの支払いでクレジットカードを使っている人は多いと思うが、

たとえば、ネット通販を手掛ける企業がサイバー攻撃を受けて、いったん利用者のカード情報が流出してしまうと、**あなたの知らない間に闇サイトでカード情報が売買されるという事態に発展するかもしれない**のだ。

2015年12月には、イスラエルのセキュリティー会社「テロジェンス」が、闇サイトへの侵入に成功し、日本のクレジットカード会社を利用している1万1532人分のカード情報（利用者の名前、カード番号、有効期限など）が闇サイトで売買されている驚きの実態を突き止めた。このほかにも、複数国のカード情報計約300万人分が見つかったという。闇サイトに出品されたカード情報は1枚あたり2～3ドル（220～330円）で売られていたという。

「テロジェンス」は、2017年3月にも闇サイトへの侵入調査を実施している。今回の調査では、**日本のクレジットカード会社の利用者約10万人分のカード情報が売買されていることが判明**した。不正売買されているカード情報は、2015年12月時点（1万1532人）から1年あまりの間に約10倍の規模に膨らんだことになる。カード情報の価格は平均12ドルで、前回調査時（2～3ドル）に比べて大幅に値上がりしていた。

図表5-3　クレジットカードの不正使用被害額

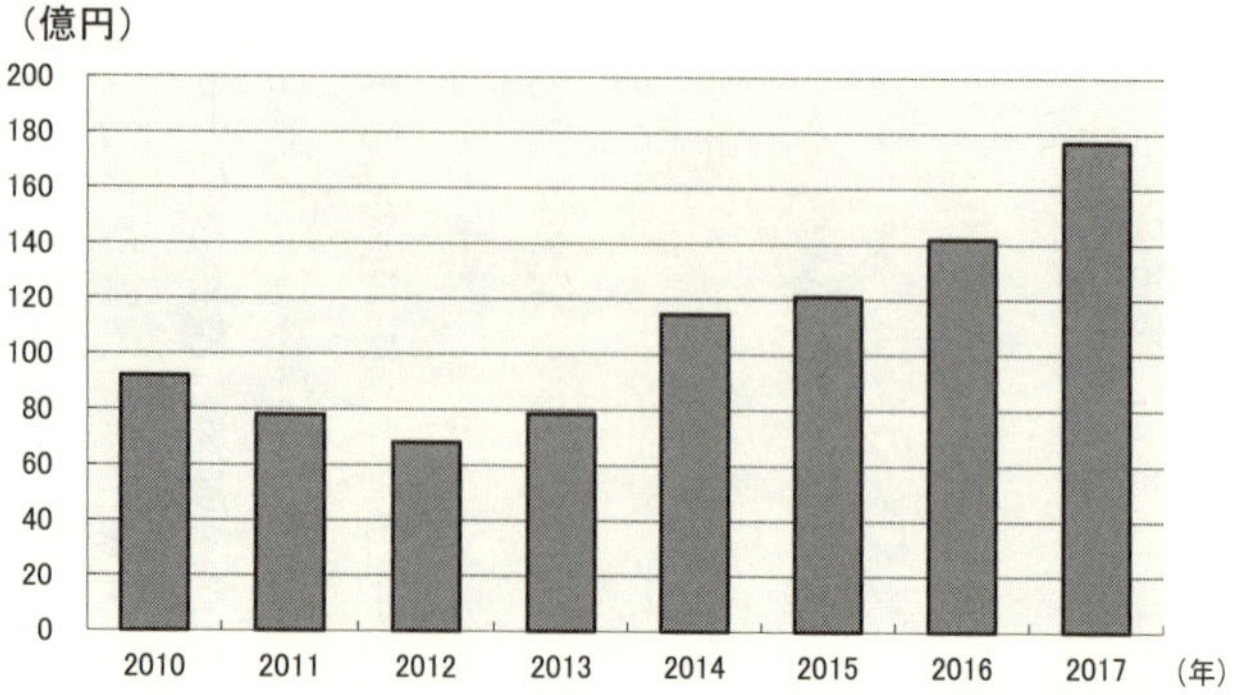

出所：一般社団法人日本クレジット協会資料より作成
注：2017年は1月から9月までの数値

なお、「テロジェンス」は、元イスラエル軍のサイバー部隊に所属していたハッカーたちが04年に設立した会社だ。

闇サイトで売買されたカード情報は、転売されて不正に利用される可能性が高く、それによって被害が拡大することになる。

実際、一般社団法人日本クレジット協会によると、国内企業が発行したカードの不正使用被害は、ここ数年の間に急増しており、2016年は前年比17・5%増の142億円に達した（図表5－3を参照）。この被害額には、闇サイトで売買されて不正利用されたケースも多く含まれると考えられる。

具体的な日本での被害例を挙げると、20

16年8月には、岐阜県在住の男Aが闇サイトで「ビットコイン」を使って他人名義のカード情報を不正に購入、転売したとして逮捕された。Aは過去2年間に約50人分のカード情報を購入し、400万~500万円を受け取っていたという。

また、この事件では、実際にAからカード情報を購入したBも逮捕されている。BのほうはAから購入したカード情報を悪用し、ネット通販で買った商品を換金することで数百万円を稼いでいたという。

2017年6月には、日本在住の米国籍の男が、他人名義のクレジットカード情報を不正に使用し、バンコク・東京間などの航空券5枚（合計71万円分）を購入したとして逮捕された。この男は自宅のパソコンに、闇サイトで購入したとみられる約1000件のカード情報を保管していたという。

闇サイトでハッカーにデータ抜き取りを依頼すると3万円

ところで、ハッキングなどの被害に遭って流出した個人情報は、闇サイトでどれぐらいの価格で取引されるのだろうか。

ウイルス対策ソフトを販売する「トレンドマイクロ」の基幹施設である「トレンドラボ」が2011年8月から2012年1月にかけて実施した調査の結果を紹介しておこう。

まず、各種の個人情報のうち最も悪用されることの多いクレジットカード番号は、米国国内で発行されたものは1件あたり79円から237円で取引されていた。アジアで発行されたものは1件あたり474円から790円で取引され、米国に比べると割高となっている。

一方、銀行口座については、オンラインバンキングの暗証番号と組み合わせて売買されることが多く、1件あたり1975円~2765円で取引されている。

SNS（ソーシャル・ネットワーキング・サービス）のアカウント情報はどうか。SNSのアカウント情報は、スパムメールの送信目的で購入されることが多いので、数百件から数千件をひとまとめにして取引されている。フェイスブックの場合、1000アカウントで15ドルぐらいの値段だ。1件あたりでみると、**フェイスブックのアカウン**

トが1・2円、ツイッターのアカウントが2・7円で取引されている。

メールアカウントについては、**Yahoo!メールとHotmailが1件あたり0・6円、Gmailが1件あたり2・7円で取引**されていた。

Gmailのアカウントが Yahoo!メールとHotmailのアカウントに比べて割高になっているのは、Gmailのアカウント情報はAndroid OSを搭載したモバイル端末やSNSの「Google＋」との関連性が高いため、価格が高めになっていると考えられる。

闇サイトでは、個人情報を盗み出すためのハッキングツールも取引されている。米国のIT企業のデルが2013年に発表したデータによると、リモートアクセス型の「トロイの木馬」が約5900円から2万9500円、ハッキングツールの「エクスプロイトキット」のリース料が週あたり5万3000円で取引されていた。

また、ハッカーに直接依頼してウェブサイトのデータを抜き取ってもらう場合、1回あたり約1万2000円〜3万円となっている（価格はハッカーの評判次第）。

ビットコインと闇サイトの切っても切れない関係

インターネット上の取引に利用される仮想通貨の代表「ビットコイン」。創始者は08年11月にブロックチェーンのアイデアと「ビットコイン」に関する論文を発表した「Satoshi Nakamoto」という名前の日本人だと言われている。

「ビットコイン」が登場した背景には、金融の国際化が進んで国境を超えたお金の移動が増えたこと、ITの技術が格段に進歩したことがある。また、08年にジンバブエがハイパーインフレーション（通貨価値の暴落）に見舞われたように、法定通貨に対する信用が揺らいできたという事情もあるだろう。

2014年に世界最大のビットコイン交換所で、東京に本拠を置くマウントゴックスが破綻し、「ビットコイン」は死んだかと思われたが、2016年ごろから再び盛り上がりを見せるようになり、2017年にはビットコイン・バブルと言われるほどに高騰した（図表5-4を参照）。「ビットコイン」の価格はわずか1年間で14倍近く

図表5-4　ビットコイン相場の推移

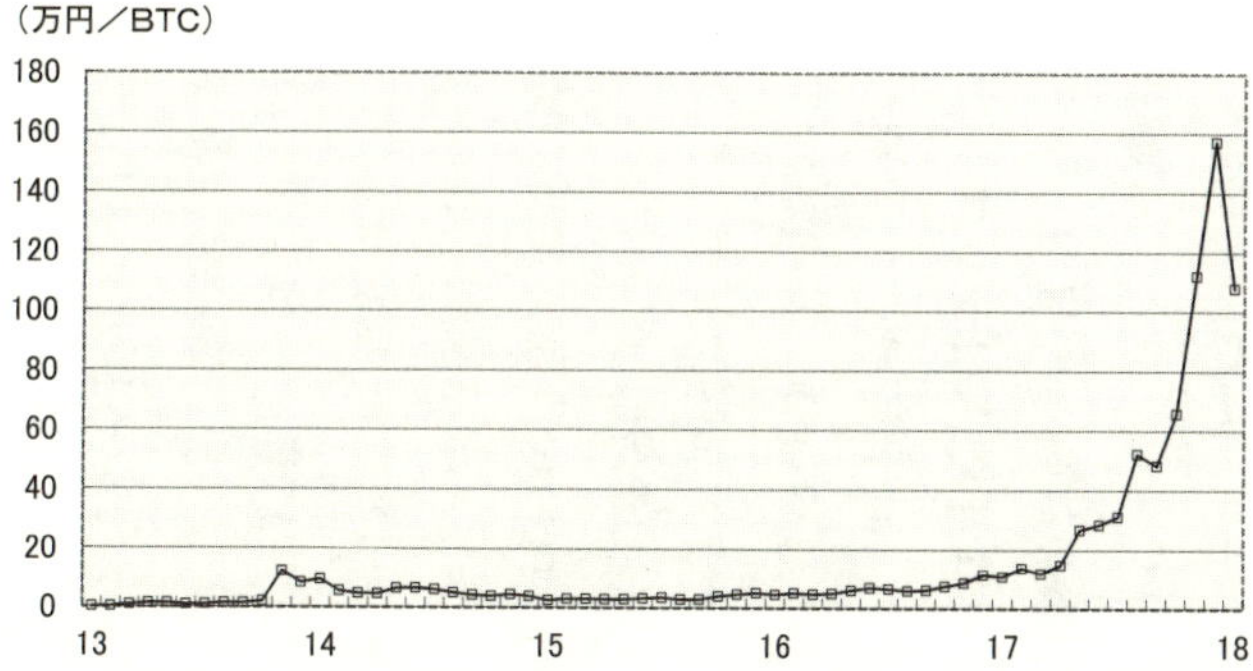

出所：JPBITCOIN.COM 資料より作成
注：月末時点の終値

になり、「ビットコイン」投資の成功で1億円を超える資産をもつ「億り人」も多数出現した。

２０１７年に「ビットコイン」の価格が高騰した理由としては、米トランプ政権の経済政策に対する不安や北朝鮮の地政学的なリスクの高まり、混迷する中東情勢など、世界経済の先行きに関する不透明感の強まりを挙げることができる。世界経済の不透明感が強まるなか、リスクヘッジの目的で資産の一部を「ビットコイン」に移す投資家が増えて、価格の高騰につながった。

ただ、２０１８年になると、韓国で仮想通貨取引を規制する動きが加速したことなどを受けて、「ビットコイン」の価格は急落している。

便利な決済手段、あるいは投資手段として注目度が高まる「ビットコイン」だが、匿名での取引ができるという特性があるため、犯罪など地下経済の決済に利用されやすいといった問題も抱えている。

たとえば、麻薬の売人が販売した違法ドラッグの決済を銀行口座で行えば、捜査当局は銀行の取引履歴をたどっていくことで、犯罪者を容易に割り出すことができるだろう。しかし、匿名取引ができる「ビットコイン」の場合、取引履歴から犯罪者にたどりつくことは不可能となる。**国や銀行の干渉を受けない「ビットコイン」は、犯罪組織にとっては、うってつけの決済手段**になるというわけだ。実際、闇サイトにおける決済手段としては「ビットコイン」が使用されることがほとんどだ。

また**「ビットコイン」はマネーロンダリング（資金洗浄）の温床になるリスクも孕《はら》**んでいる。犯罪など違法な経済取引の決済を法定通貨で行い、それによって得られた収益を後で「ビットコイン」に交換すれば簡単に資金洗浄ができる。

たとえば、2017年1月には、不正取得した「ビットコイン」をマネーロンダリングする目的で換金、他人の口座に送金したとして、男2人が警視庁サイバー犯罪対策課によって追送検された。また、2017年7月には、「ビットコイン」を使って、少なくとも40億ドル（約4400億円）相当のマネーロンダリングに関与した疑いで、ロシア人の男がギリシャで拘束された。この男は自らが運営に関わっていたビットコイン取引所を利用し、犯罪収益を「ビットコイン」に交換していたと言われる。

「ビットコイン」のもうひとつの問題（おそらく最大の問題）は、それがハッカーたちのサイバー攻撃によって盗まれる危険があるということだ。「ビットコイン」は法定通貨と違って規制当局の監視を受けずに自由な取引ができるが、その裏返しで不正に対する防止策も存在しない。サイバー攻撃を受けて「ビットコイン」ウォレット（財布）を盗まれても誰にも訴えることができないのだ。「ビットコイン」を盗まれたら最後、泣き寝入りするしかない。

たとえば「シープマーケットプレイス（Sheep marketplace）」という闇サイトは、2013年12月、ハッキングされて9万6000枚（5640万ドル、約62億400万円）もの「ビットコイン」を盗み出されてしまった。

また、２０１４年2月には、ビットコイン取引所のマウントゴックスから75万枚（約４７９億円相当）の「ビットコイン」がサイバー攻撃によって盗まれた。これにより、マウントゴックスは経営破綻することとなった。

さらに２０１８年1月26日には、日本の仮想通貨大手取引所のコインチェックが、顧客の仮想通貨「ネム」がハッキングによって不正流出したと発表した。不正流出した「ネム」は流出時の取引レートに換算すると５８０億円にも上る。

「ビットコイン」をはじめとする仮想通貨で決済をしたり、仮想通貨に投資をする際には、仮想通貨が地下経済の住人たちに悪用されるリスクについて、十分な注意を払っておくことが必要だろう。

決済手段はビットコインからライトコインやダッシュへ

ところで、２０１８年以降、闇サイトを利用する地下経済の住人たちは「ビットコイン」に代わる新たな仮想通貨に注目し始めている。

この背景には、2017年に「ビットコイン」の価格が高騰し、それに伴って取引手数料も上昇したため、「ビットコイン」を使った取引が割高になったことがある。出品する商品によっては、商品そのものの代金よりも手数料のほうが高くなるケースも出てきたという。また、「ビットコイン」の利用者が急増したことでネットワークに負担が発生し、取引の効率性が低下したという事情もあるだろう。

「ビットコイン」は現在でも闇サイトでの代表的な決済手段となっているが、闇サイトに商品を出品する販売業者は、「ビットコイン」の代替決済手段として「ライトコイン」や「ダッシュ」など他の仮想通貨も受け入れるようになっている。

米国とスウェーデンに拠点を置くセキュリティ関連会社レコーデッド・フューチャーが150の闇サイトを調査した結果によると、闇サイトに商品を出品する販売業者の30%がすでに「ライトコイン」を「ビットコイン」の代替決済手段として採用していることが分かった(図表5-5を参照)。また、「ダッシュ」については20%の販売業者が代替決済手段として受け入れている。さらに、「ビットコインキャッシュ」も13%の販売業者が受け入れるようになっている。

図表5-5　闇サイトの販売業者が決済で採用する仮想通貨（2018年）

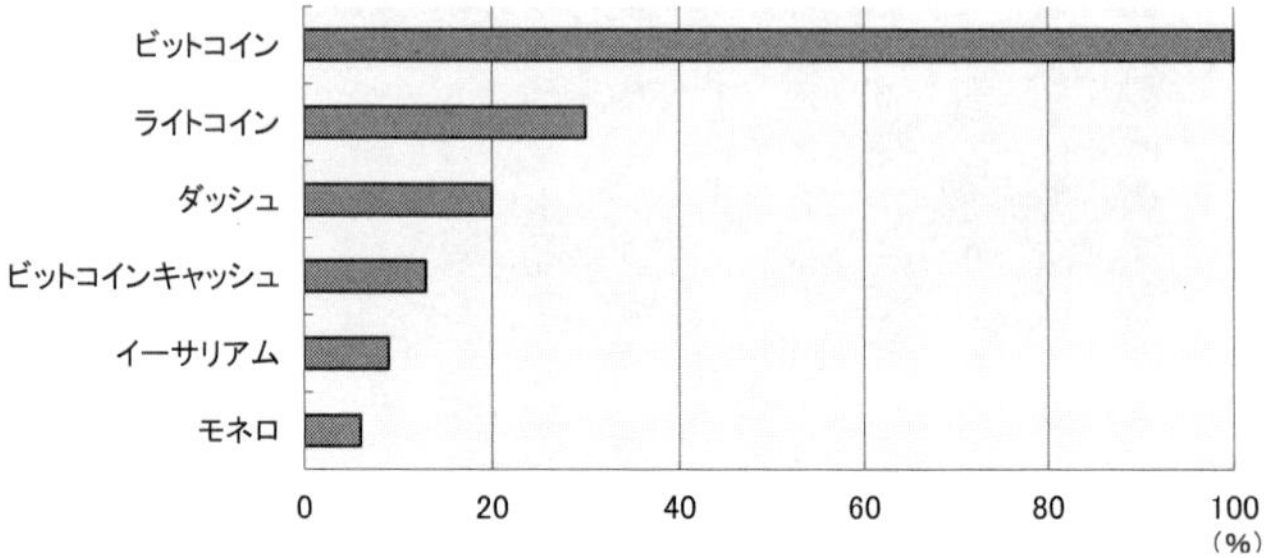

出所：レコーデッド・フューチャー資料より作成

レコーデッド・フューチャーは、将来的に闇サイトの取引における「ビットコイン」の市場占有率が大幅に低下し、闇サイトの利用者の決済手段は多様化していくだろうと予想している。「ビットコイン」で決済をしたり、「ビットコイン」に投資をする際には、「ビットコイン」が地下経済の住人たちに悪用されるリスクについて、十分な注意を払っておくことが必要だろう。

おわりに　〜これから日本の地下経済はどうなっていくのか？

「パナマ文書」で明らかになったタックスヘイブンの実態

本書では、日本の地下経済の最新動向をレポートした。最後に世界経済の大きな潮流を踏まえて、これから日本の地下経済がどうなっていくかを展望しておこう。**結論を先取りすれば、おそらく日本の地下経済は肥大化していく可能性が高い。**

その理由のひとつは、金融のグローバリゼーション（国際化）の進展である。金融のグローバリゼーションが進展する中、地下経済の世界においても、国境という概念が弱まりつつあり、**脱税や犯罪など各国の地下経済で獲得された後ろ暗いお金は、国境を越えて自由に移動することが可能**になっている。

そして、政策当局の監視の目を逃れて、国境を越えたアングラマネーが、どこかに隠匿できるのであれば、脱税や犯罪は拡大こそすれ縮小することはないだろう。**その隠匿場所になるのが、タックスヘイブン**（**租税回避地**）**である。**

タックスヘイブンというのは、税金がまったく課されないか、課されるとしても著しく低い税率が適用される国や地域を指す。どの国がタックスヘイブンに属するかについては、明確な定義があるわけではなく、各国の税務当局などによって独自に判断される。世界的に有名なタックスヘイブンとしては、たとえば、カリブ海のケイマン諸島やバハマ、バミューダ諸島などが挙げられる。

タックスヘイブンは、世界各国の富裕層や企業が税金対策として活用している。また、タックスヘイブンにある金融機関においては口座の匿名性が確保されるので、麻薬取引や武器取引といった犯罪資金・テロ資金の隠匿先やマネーロンダリングにも利用されている。さらには、脱税マネーもタックスヘイブンへと向かう。

英国に本拠を置く国際非政府組織（ＮＧＯ）の「タックス・ジャスティス・ネットワーク」は２０１０年末時点で、21兆～32兆ドル（２３１０兆～３５２０兆円）の金融資産が未申告のまま租税回避地で保有されていると分析している。米国の国内総生産（GDP）の約18・6兆ドル（2016年）を大幅に上回る巨額の金融資産が租税回避地に秘匿されているのだ。租税回避によって失われた税収は2800億ドル（30・8兆円）に上るという。

国際的にタックスヘイブンに対する監視の目は強まっているが、タックスヘイブンは、今なおアングラマネーの隠匿先として重要な役割を果たしている。

その事実を端的に示したのが、2016年4月、タックスヘイブンへの法人設立を代行するパナマの法律事務所「モサック・フォンセカ（Mossack Fonseca）」から流出した『パナマ文書』である。

『パナマ文書』には、モサック・フォンセカが、1977年から2015年までに扱った契約などが含まれる膨大な量の内部情報で総数は1150万件、容量にしておよそ2・6テラバイトに及ぶ。この文書量を紙に換算すると、なんとトラック1000台分に相当するという。

『パナマ文書』流出の経緯は次のとおり。2014年末、ドイツの有力紙「南ドイツ新聞」の記者フレデリク・オーバーマイヤー氏のもとに、匿名の人物からモサック・フォンセカの内部情報が寄せられた。暗号通信で「私のもっている情報に興味があるか？」といって、接触してきたという。この匿名の人物は記者に対して情報提供の見返りは求めず、「犯罪を公にしたい」という動機だけを語った。

南ドイツ新聞は提供された膨大な量の情報をワシントンD．C．に本拠を置く国際調査報道ジャーナリスト連合（ＩＣＩＪ）と共有、世界各国のジャーナリストらが分析して、２０１６年４月３日から発表を始めた。フレデリク・オーバーマイヤー氏がＩＣＩＪと情報共有をしたのは、資料の中に殺人などいとわない地下経済の住人が含まれており、「自分や家族の安全を守るため」であったという。

ＩＣＩＪを通じて『パナマ文書』が公開されると、世界中に衝撃が走った。文書には世界の要人、政治家、企業、個人などの名前が多数含まれており、節税目的というよりは脱税目的でタックスヘイブンを使っていた例がたくさん見つかったからだ。実際、『パナマ文書』をきっかけに課税逃れの道義的責任などが問われ、アイスランドの首相、スペインの閣僚が辞任するなどの事態になった。

2016年4月5日に辞任したアイスランドのグンラウグッソン首相（当時）は、07年から妻のアナ・パルスドッティルさんと共同名義でオフショア会社「ウィントリス」を所有、同社を通じて多額の投資をしていたが、09年に議会に初当選した際、これを申告しなかった。その8ヵ月後に、所有株の5割を妻にわずか1ドルで売却。家族の資産数百万ドルを隠匿していたとみられる。

また、2016年4月15日に辞任したスペインのソリア産業相（当時）は、92年のある時期に『パナマ文書』に記載されたバハマの法人の役員を務めていたことが発覚した。

地下経済の住人たちにとってみれば、タックスヘイブンの実態を暴露した『パナマ文書』は鬱陶しい存在であり、そのため『パナマ文書』報道に参加したジャーナリストを、手段を選ばずに抹殺しようという不穏な動きも出始めている。

2017年10月には、『パナマ文書』報道に参加したジャーナリストのダフネ・カルアナガリチアさんが地中海のマルタで自動車爆弾によって殺害された。彼女はブログの記事で、マルタの首相ジョゼフ・ムスカット氏の妻がパナマ企業の実質的なオーナーで、この企業とアゼルバイジャンにある複数の銀行口座の間で多額の資金移動があったと書いていた。

タックスヘイブンがなくならない限り、日本を含めて世界各国の地下経済は拡大傾向で推移するだろう。

とくに、巨額の財政赤字や政府債務残高を抱える日本では、将来の大幅な増税が不可避とされているが、無税あるいは低い税率で世界中のマネーを飲み込むタックスヘイブンの存在が、増税による財政再建というシナリオを大きく狂わせることになるかもしれない。

アベノミクスの影響で地下経済にもバブルが発生する⁉

もうひとつ、日本の地下経済が拡大する理由として、「アベノミクス」という経済政策の影響が挙げられる。

日本の地下経済と金融政策の関係について、過去のデータを詳細に分析すると、利下げなどの金融緩和策によってバブルが発生し、世の中にお金があふれ返ると、余ったお金が売春産業や違法ドラッグなど非合法の経済活動にも流れ込み、地下経済が不気味に拡大するというパターンが観察される。

また、バブル期は景気がよいので、収入がアップする人が増えるが、収入が増えるほど税負担が重くなる仕組みになっている個人所得税の場合、税負担を回避するべく脱税しようというインセンティブも高まることになる。

だとすれば、今回の**「アベノミクス」でも、脱税や犯罪などの地下経済が拡大してくる可能性が高い。**というのも、現在、「アベノミクス」の一環として、黒田日銀総裁のもとで未曾有《みぞう》の規模の金融緩和政策が実施されており、すでに株式や不動産などの資産市場にはバブルの気配が漂いはじめているからだ。場合によっては、1980年代後半のバブル期と似たような状況になるかもしれない。それに伴って、日本の地下経済が再度拡大してくるとみられる。

では、今回の「アベノミクス」の影響によって日本の地下経済はどれぐらい膨らむことになるのだろうか。80年代後半のバブル期と同じような状況になるという前提を置いて試算をしたところ、日本の地下経済は現在の26・5兆円から39・4兆円へと12・9兆円も増加するという結果が得られた。「アベノミクス」には、景気を回復させるだけでなく地下経済の大きさを1・5倍の規模にまで膨らませる効果もあるのだ。

最後となったが、本書の執筆にあたっては、SBクリエイティブ株式会社学芸書籍編集部の杉本かの子さんに大変お世話になった。記して感謝したい。

2018年2月28日

エコノミスト　門倉貴史

参考文献

＊ウィリアム・ブリテェイン＝キャトリン著、森谷博之監訳、船見侑生＋長坂陽子＋熊谷義彰訳『秘密の国　オフショア市場』（東洋経済新報社）（２００８年）
＊ＮＨＫ「ヤクザマネー」取材班『ヤクザマネー』（講談社）（２００８年）
＊大竹文雄著『日本の不平等』（日本経済新聞社）（２００５年）
＊門倉貴史著『日本の地下経済』（講談社＋α新書）（２００２年）
＊門倉貴史著『貧困ビジネス』（幻冬舎新書）（２００９年）
＊クリスチアン・シャヴァニュー＆ロナン・パラン著、杉村昌昭訳『タックスヘイブン』（作品社）（２００７年）
＊セキュリティ集団スプラウト著『闇ウェブ』（文春新書）（２０１６年）
＊船山信次著『〈麻薬〉のすべて』（講談社現代新書）（２０１１年）
＊森功著『大阪府警暴力団担当刑事　捜査秘録を開封する』（講談社＋α文庫）（２０１５年）
＊Schneider, Friedrich, Buehn, Andreas and Montenegro, Claudio E.(2010) 'New Estimates for the Shadow Economies all over the World', International Economic Journal, 24: 4, 443-461. This dataset presents estimations of the shadow economies for 162 countries, including developing, Eastern European, Central Asian, and high income OECD countries over 1999 to 2006/2007.

著者略歴

門倉貴史（かどくら・たかし）

1971年、神奈川県出身。経済学者。慶應義塾大学経済学部卒業後、浜銀総合研究所の研究員を経て、第一生命経済研究所の経済調査部主任エコノミストに就任。退社後BRICs経済研究所代表として、国内外の経済に関する著書や雑誌への執筆、講演活動を積極的に行っている。またワーキングプアの啓蒙書も多数発表。BRICsに続く経済発展が見込まれる国々として、VISTAという造語を提唱した。テレビ番組『ホンマでっか!?TV』（フジテレビ系列）などメディア出演も多数。おもな著書に『日本の地下経済』（講談社）、『ワーキングプア』（宝島社）、『貧困ビジネス』（幻冬舎）などがある。

SB新書　431

日本《にほん》の「地下経済《ちかけいざい》」最新白書《さいしんはくしょ》
闇《やみ》に蠢《うごめ》く26.5兆円《ちょうえん》の真実《しんじつ》

2018年4月15日　初版第1刷発行

著　者　門倉貴史
発行者　小川 淳
発行所　SBクリエイティブ株式会社
〒106-0032　東京都港区六本木2-4-5
電話：03-5549-1201（営業部）

装　丁　長坂勇司（nagasaka design）
本文デザイン・DTP　荒木香樹
編　集　杉本かの子
印刷・製本　大日本印刷株式会社

落丁本、乱丁本は小社営業部にてお取り替えいたします。定価はカバーに記載されております。本書の内容に関するご質問等は、小社学芸書籍編集部まで必ず書面にてご連絡いただきますようお願いいたします。

ISBN978-4-7973-9246-3